信長もビックリ!?
科学《かがく》でツッコむ日本《にほん》の歴史《れきし》
～だから教科書にのらなかった～

はじめに

「歴史」は文系科目で、「科学」は理系科目で、ふたつはまったく別のもの？

いえいえ、そんなことは絶対にありません。

ずっと昔も、この瞬間も、明日から作るはるか先の未来でも、いつだって手を取りあって、一緒に時代を作りだしているからです。

どの書店にも、たくさんの「日本の歴史」が並んでいます。

けれど、科学の視点で歴史を書いた本は、なかなか見つけることができません。

「科学」……それをひとことでいえば、「できるだけ単純に、どんなことが起きたか・どんなことが起きるかを説明する」ことを、何よりの目的とするものです。

たとえば、ミステリー小説で探偵が事件を解き明かすとき、あるいは、ニュース番組で解説をするとき、「なぜ、そんなことが起きたのか」をわかりやすく解き明かすために、いつだって科学的な解説がなされます。

それがなぜかといえば、「起きたこと・起きること」を因果関係を含めて、一番単純に説明することができるのが「科学」だから。

「起きる現象には必ず理由があって、それを解き明かすことができる」から。

科学の視点から歴史を調べあげ、ズバッと斬る（説明する）のが本書です。

歴史の教科書に書かれたこと、それを複雑な多くのできごとではなく、単純で必然の（当然の因果関係を持つ）物語として、納得できるようにするために書きました。

時には、普通には起こりえない歴史の意外な真実が見えてくることでしょう。けれど、その背後にいる「歴史を作りだした真犯人」を、科学は必ず探しだします。

そして、これまで気づかなかった歴史の姿、新しい歴史の楽しみを手に入れることができるようになるのです。

歴史の教科書にはのっていないかもしれないけれど、教科書に書かれた歴史事件の数々を、科学探偵が解説したのが本書です。

読んだ内容は絶対に忘れられなくなるはずですし、読めば誰かに話したくてたまらなくなる、そんな歴史を学ぶ新しい楽しみがどのページにも詰まっているはずです。

平林 純

目次

第1章 イメージをくつがえすビックリ!?

第2章 スゴすぎる舞台裏にビックリ!?

第3章 ヤバすぎる異彩にビックリ!? 79

第4章 ざんねんな現実にビックリ!? 115

第5章 どんでん返しにビックリ!?

●本書は歴史的事実をもとに構成しています。
●人物のセリフやイラストは、独自にかきおこし、脚色を加えている部分もあります。
●本書で紹介した出来事・エピソードは、さまざまな説や解釈がある場合があります。ここでは一般的なものを採用しています。

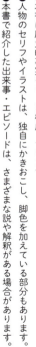

第1章

イメージをくつがえすビックリ!!?

豊臣秀吉《とよとみひでよし》の『中国大返《ちゅうごくおおがえ》し』
――すごいのは、裏で動いた石田三成《いしだみつなり》の名プレー？

スポーツ工学
＋
地理

芸能レポーターもビックリの情報ツウでハッタリ上手、それが天下人《てんかびと》・豊臣秀吉だ！

戦国時代の終わり、1582年（天正《てんしょう》10年）。

むかしのカレンダー（旧暦《きゅうれき》）で、まもなく夏が終わろうとする6月2日の朝早く、天下統一を目前に、織田信長《おだのぶなが》が京都の本能寺《ほんのうじ》で明智光秀《あけちみつひで》に殺されます。

この「本能寺《ほんのうじ》の変《へん》」をいち早く知ったのが、京都から約200キロメートル以上はなれた、備中《びっちゅう》（現在の岡山県の西部）にいた豊臣秀吉。「信長死す！」という知らせを、翌日の6月3日の夜には手に入れていたのです。現代の週刊誌記者も芸能レポーターもビックリの情報ツウ、それが天下の秀吉です。

現在の岡山市にあった毛利氏《もうりし》の備中高松城《びっちゅうたかまつじょう》を落とすべく、恐怖の〝水攻《みずぜ》め〟真っ最中だった秀吉は、この知らせを聞き、翌4日にはもう毛利輝元《もうりてるもと》と和解《わかい》します。

なんと秀吉、信長が死んでしまったことはヒミツにしながら、こういうのです。

「もうすぐ、ワシらのボスの信長さんが、アンタらを倒しに戦いにでてくるよ。知ってると思うけど、あの人、ようしゃないよ。いまのうち降参《こうさん》しちゃいなよ。YOU《ユー》」

もちろんこれは、100パーセントのハッタリ。

けれど、それを知らない毛利陣営は、秀吉と和解するのです(そしてあとで悔しがる)。

「中国大返し」、2万人が200キロメートルを1週間走りつづけた伝説を科学する!

そしてここから、あの伝説の「中国大返し」がはじまります。

高松城を攻めていた2万人の秀吉軍、岡山から京都にむかってひたすら走ります!

走りつづけること1週間以上。

走りぬいた距離約200キロメートル。

なんと6月12日には、明智光秀のいる現在の大阪府と京都府の境・山崎《やまざき》に着きます。

そして、到着翌日の13日には、もう光秀を倒してしまうのです。

秀吉怖すぎ。というか、光秀弱すぎ……。

この「中国大返し」、つまり2万人が200キロメートルを1週間以上走りつづけたスーパープレーを科学してみると、おもしろいことがわかります。

まず、約200キロメートルを1週間〜10日で戻ったということは、1日あたり平均20〜30キロメートルを移動する計算です。

季節は夏の終わり、昼が長い時期なので1日8時間ほどは歩けるとして、そのスピード、時速約3キロメートル。

これはなんと、ふつうにゆっくり歩くくらいの速さで、実はあまり速くありません。

なんだか拍子抜けですね……。

2万人が200キロメートルを移動するエネルギー（食べ物）を用意した石田三成がすごい！

ではこの「中国大返し」、なにが本当にすごいのかというと、速さではなく、2万人が200キロメートルを移動することができるエネルギー（食べ物）をちゃんと用意できたことにあります。

人が動くには、もちろん食べ物が必要です。体重50キログラムの人なら、3キロメートル歩くには、おにぎり1個（約170キロカロリー）くらいはほしい。

でないと、筋肉を動かすエネルギーがなくなって、途中で動けなくなってしまいます。

さらにそれとは別に、人が生きていくために、1日あたり少なくみつもっても3個以上のおにぎりが必要。

つまり、10日間で200キロメートル歩くには、ひとりあたりおにぎり約

100個がいる。2万人なら、おにぎりは全部で200万個必要です！

マラソンレースでは、コース脇にエネルギーたっぷりのカロリー飲料などが用意されていますよね。

たとえるなら、「中国大返し」でもそれと同じように、2万人が200キロメートルの長距離移動をするコース脇に、おにぎり200万個を用意しておく必要があったわけです。

では、だれがこれを用意したかというと――秀吉につかえていた石田三成、その人なのです。

三成は、小さいころから秀吉につかえ、光秀をやぶった1582年（天正10年）の「山崎《やまざき》の戦《たたか》い」などで活躍して、その後天下統一の中心となった人物です。

「中国大返し」の2万人×200キロメートルの移動レース、拍手を送りたいのは、おにぎりでサポートした三成の名プレーでした！

ビックリ!?memo

1560年（永禄《えいろく》3年）、現在の滋賀県に生まれた石田三成は、幼いころから秀吉につかえた。三成は戦の後方支援に長《た》け、兵士の移動や食糧の輸送、敵の情報収集や外交などにその能力を発揮した。

構造力学

毛利元就《もうりもとなり》『3本の矢』伝説、3本束になってもかんたんに折れる？

「1本の矢はかんたんに折れるけど、3本束になれば折れない」という毛利元就の伝説

毛利元就は、戦国時代、中国地方をひろく支配した戦国大名でした。

病床《びょうしょう》にあった元就は、死の間際、3人の息子・隆元《たかもと》、元春《もとはる》、隆景《たかかげ》を集めて「兄弟3人で力を合わせるように」と弓矢でたとえ話をした伝説が有名です。

まず元就は、1本の矢を息子たちに渡して「矢を折ってみよ」という。

すると、1本の矢はかんたんに折れてしまう。

それをみて、元就はこうたずねる。

「それでは、束になった3本の矢ならどうだ？」

矢が３本束になると、もう兄弟のだれも折ることができなかったというのです。

そこで元就は、兄弟にこう諭《さと》します。

「１本の矢ではかんたんに折られてしまう。けれど、３本束になったらだれも折れない。この３本の矢と同じように、兄弟３人が束になり力を合わせよ」

――さて。ではいったい、矢はどのくらいの力があれば折ることができたのでしょうか？

そして、矢が３本束になると、本当に折ることができないものなのでしょうか。

６歳児を持ちあげるくらいの力があれば、１本の矢はかんたんに折れる！

むかしの弓矢は、笹《ささ》の仲間であるヤダケ（矢竹）でつくられていました。

矢の太さは直径1センチメートル程度、長さは「身長のおよそ半分」を目安につくられていますから、だいたい80センチメートルくらいです。

1本の矢の真ん中を足でおさえ、端《はし》を両手で持って、力をかけてみましょう。

これを計算すると、20キログラムくらいの重さのものを持ちあげるのと同じくらい

の力で折れてしまいます。

20キログラムというのは、6歳児の体重と同じくらいですから、1本の矢を折るのは、大人の男性ならかんたん！　というわけです。

矢を3本束にしても――大人を持ちあげるくらいの力があれば折れてしまう？

それでは、矢が3本束になるとどうでしょう？

実は矢を3本束にしても、60キログラムのものを持ちあげるくらいの力があれば、折れてしまいます。

矢をきつく束ねれば、まるで1本の太い柱のようになって強度が増しますが、手で束ねた程度では矢がズレてしまうので、3倍くらいの強さにしかならないのです。60キログラムというと大人の体重と同じくらいです。力が強い人なら、3本の矢を折るのはけっしてむずかしいことではありません。

ということは……もしかして毛利元就の3人の息子たち、実は全員力が弱かったの？　だから元就は「みんなで力を合わせろ。束ねた3本の矢になれ」といったの？

なんて思えてきます。

現実とは100パーセントちがう毛利元就の「3本の矢」伝説！


ところが、あっとおどろく衝撃《しょうげき》の事実があります。

まず、長男の隆元は、元就より６年も早く死んでいるのです！

つまり、死が迫《せま》る元就のもとに兄弟３人が集まることは、絶対に不可能。

それどころか、元就の息子は３人ではなくて、実は９人もいました！

ということから、毛利元就「３本の矢」伝説は、現実とはかなりちがうお話だったのです。

ビックリ!?memo

毛利元就はたくさんの子宝に恵まれた。末の子が生まれたときは70歳近くだったとか。元就は75歳で死去した。

天文学★

織田《おだ》信長《のぶなが》が倒された「本能寺《ほんのうじ》の変《へん》」、毛利《もうり》元就《もとなり》「厳島《いつくしま》の戦《たたか》い」、〝奇襲《きしゅう》日時《にちじ》〟の選び方！

「厳島の戦い」は、旧暦《きゅうれき》10月1日に起きた

戦国時代、日本中でくりひろげられる戦いでは、「奇襲」がくりかえされました。戦う相手に気づかれないようにして、〝イキナリ攻めこむ〟戦法です。奇襲で有名なのが「厳島の戦い」。

戦ったのは、現在の広島県西部を治めていた策略家・毛利元就と、現在の山口県東部を治めていた戦国大名・大内家《おおうちけ》を乗っとった、西国無双《さいごくむそう》の侍大将《さむらいだいしょう》・陶晴賢《すえはるかた》です。

1555年（天文《てんぶん》24年）の旧暦10月1日、瀬戸内海に浮かぶ広島県の宮島《みやじま》（厳島）に陣を張る陶軍に、イキナリ毛利軍が攻めこみます。時刻は朝の6時前、当時の時刻でいう「卯《う》の刻《こく》」でした。

毛利軍は、大声で叫びつつ「厳島の戦い」をスタートさせます。

「本能寺の変」は旧暦6月2日の夜。
なぜ奇襲は「月あたま」の「卯の刻」に起きるのか？

さらに、奇襲といえば、「本能寺の変」が思いうかびます。

1582年（天正《てんしょう》10年）、旧暦6月2日、明智光秀《あけちみつひで》は現在の京都府の西にある亀山《かめやま》城《じょう》を出発。

そして、あの名ゼリフ、

「敵は本能寺にあり！」

でイキナリ、織田信長がいた京都府の東にある本能寺に攻めこみます。時刻は朝の4時半くらい、当時の呼び方で「卯の刻」です。

――ここまで読んできて、不思議なことに気がつきませんか？

「アレ？」と思ったキミは、名探偵《めいたんてい》の素質《そしつ》アリ。

そう！「厳島の戦い」も「本能寺の変」も、攻めこんだ日にちと時刻がほとんど

ビックリ!?memo

織田信長は明智光秀以外に、松永久秀《まつながひさひで》・荒木村重《あらきむらしげ》・別所長治《べっしょながはる》らに裏切られている。久秀については２度も信長を裏切った。

同じなのです！

相手の近くにコッソリとむかった日にちは、旧暦で月あたまの1日と2日。そして、攻めこんだ時刻はどちらも「卯の刻」なのです。

旧暦では、毎月「1日」は「月がでない真っ暗な夜」！

実は「1日」というのは、敵をイキナリ襲《おそ》いやすい日だったのです。

旧暦は、お月さまの動き（みえ方）をもとにつくられていました。

毎月1日は、お月さまがみえない「新月《しんげつ》」の夜。

弓のようなかたちの「三日月《みかづき》」がみえるころが毎月3日、そして、真ん丸なお月さま、「満月《まんげつ》」がみえるころが毎月15日。だからいまでも、満月の夜のことを「十五夜《じゅうごや》」と呼ぶのです。

つまり、毎月「1日」の夜は月がみえず、星が光るだけの真っ暗な夜。毎月2日は「二日月《ふつかづき》」と呼ばれる細～い月が夕暮れどきの西の空にみえますが、日没後1時間ほどでしずんでしまうことから、やはり星が光るだけの真っ暗な夜。敵に気づかれずに、

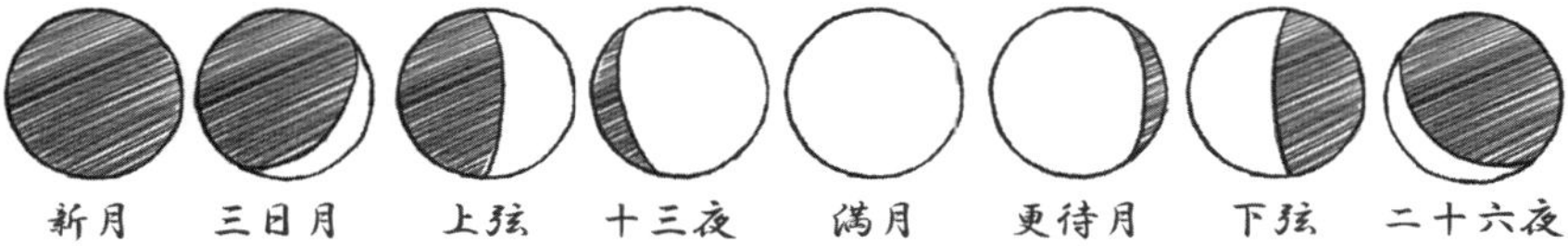

コッソリ近づくには、やりやすい日なのです。

「厳島の戦い」も「本能寺の変」も、移動したのは旧暦で月あたまの夜。もちろん、どちらもその日に起こったのには、ほかにも様々な理由があるはずですが、〝毎月月あたまは奇襲《きしゅう》日和《びより》！〟というくらい、とにかくコッソリ移動には持ってこいの日だったのです。

イキナリ攻めこむ時刻は、「卯の刻」にきまってる！

それでは、イキナリ攻めこむ

時刻がどちらも「卯の刻」というのは、なにかのぐうぜんなのでしょうか？

もちろん、そんなわけがありません。

イキナリ攻めこむ時刻は、絶対に「卯の刻」！ ときまっているのです。

旧暦は月の動きをもとにつくられていたのに対し、むかしの〝時刻〟は、太陽の動きですべてきまっていました。

夏でも冬でも、一年中いつの季節でも、「朝日がのぼる時刻が卯の刻」、「夕日がしずむ時刻が酉《とり》の刻《こく》」として、いまの十二支《じゅうにし》の順番、「子《ね》・丑《うし》・寅《とら》・卯《う》・辰《たつ》・巳《み》・午《うま》・未《ひつじ》・申《さる》・酉《とり》・戌《いぬ》・亥《い》」で、2時間ごとに区切り、時刻の名前をきめていたのです。

つまり「卯の刻」は、「東の空から太陽がのぼり、明るくなってくる時刻」ということ。

お月さまがでない真っ暗な「1日」の夜、敵にむかってコッソリ近づいたら、敵と味方をみわけられるくらいに「明るくなる時刻」、つまり「卯の刻」を待って、戦いはじめるのがベストなのです。

よって、奇襲にもっともふさわしいタイミングは、旧暦「1日」の夜に移動して「卯の刻」に襲う！ なのです。

猿《さる》飛《とび》佐《さ》助《すけ》や霧《きり》隠《がくれ》才《さい》蔵《ぞう》で有名な〝忍者〟、水の上を歩くアノ術《じゅつ》の真実!?

力学

手裏剣《しゅりけん》、まきびし――忍者はいろんな道具を使いこなす！

ずっとむかし、戦国時代のさらに前から〝忍者〟と呼ばれる一族がいました。実在した忍者といえば、伊《い》賀《が》者《もの》や甲《こう》賀《が》者《もの》、風《ふう》魔《ま》一《いっ》党《とう》、服《はっ》部《とり》半《はん》蔵《ぞう》などが有名です。一方、架空の忍者として有名なのが、真《さな》田《だ》十《じゅう》勇《ゆう》士《し》として真《さな》田《だ》幸《ゆき》村《むら》につかえた猿飛佐助や霧隠才蔵などで、いずれも、マンガや小説でひろく親しまれています。

忍者といえば、目だけだした黒《くろ》装《しょう》束《ぞく》を着て、いろんな道具を使いこなす、そんなイメージです。

たとえば、木の上から回転する手裏剣を投げ、相手を殺す。

追いかけられても、先がとがった〝まきびし〟をばらまき、追っ手の追跡をはばんで素早く逃げる。

捕まりそうになっても、唐辛子《とうがらし》や灰をタマゴのカラにつめた〝目《め》つぶし〟を投げつける。

こんなものを投げつけられたら、相手は、痛いわ目がみえないわ追跡できないわで、もう大変！

ありとあらゆる道具を使いこなす、それが忍者なのです。

水の上を歩くことができたという忍者の道具――そんなこと本当にできたの？

忍者が使う道具のなかでも、有名なのが「水蜘蛛《みずぐも》」。

〝水の上を歩くことができる〟といわれた、とんでもない道具です。

水蜘蛛は、直径60センチメートルくらいの、ドーナツ型の木の板。

これをふたつ用意して水に浮かべ、超特大のサンダルのようにして両足に履《は》く。すごくガニ股になる気がするけれど、とにかく履く！

ビックリ!?memo

伊賀者は、平時は下級の武士として雑役《ざつえき》にたずさわり、戦時に間諜《かんちょう》や斥候《せっこう》を任務としていた。「神君伊賀越《しんくんいがご》え」では徳川家康《とくがわいえやす》の身辺警護としてとりたてられた。

このようにして、忍者は水の上を歩いたというのです。

――そんなことが本当にできたのでしょうか？

「水蜘蛛」では、体重15キログラムの人しか浮かべない！

では、水蜘蛛を履いて、人が水に浮かぶことができるのか、計算してみましょう！

水蜘蛛の大きさは、厚さが5センチメートルで、直径が60センチメートル。真ん中の穴を、直径40センチメートルとします。

これを両足に履いたとき、どのくらいの体重の人なら水に浮くことができるのかというと――その体重、最大15キログラム！　だいたい3歳の子どもと同じくらいです。

3歳といえば運動能力が発達してくる時期ではありますが、それでも、水の上をバランスをとってすいすいと歩きまわる……というのは、ちょっと現実的ではありません。

つまり水蜘蛛は、両足に履いて水の上を歩く道具ではないのです。

考えてみれば当たり前？
本当は浮き輪だった「水蜘蛛」

これまで両足に履くものだと思われてきた水蜘蛛。

実は、ドーナツ型をいかし、「浮き輪」のようにして使うものらしい、ということが最近わかってきました。

そういわれてみれば、直径60センチメートルのドーナツ型のものって……もう、浮き輪そのものです！

浮き輪みたいに水蜘蛛のなかに入って、水面から頭、腕だけだして浮かぶ。

そんな使い方なら、1個あたりで15キログラムの半分、つまり8キログラムくらいのものしか浮かせられない水蜘蛛でも、大人の忍者を、ちゃんと水に浮かせることができます。

ちなみに、忍者のトレードマークともいえる黒装束、本当の忍者（しのび）は身につけていませんでした。

農民や武士のなかにまじっても区別できないようなごくふつうのかっこうで、目立つことなく、コッソリと敵のなかにまぎれこんだのです。

聖徳太子《しょうとくたいし》ゆかりの法隆寺五重塔《ほうりゅうじごじゅうのとう》、名前やみかけとちがって、実は〝1階建て〟だった

建築工学

聖徳太子ゆかりの法隆寺。
世界最古の「木でつくられた五重塔は、〝1階建て〟」だった

飛鳥時代《あすかじだい》、現在の奈良県生駒郡斑鳩町《いこまぐんいかるがちょう》につくられた法隆寺。ここは、斑鳩に都を移した聖徳太子ゆかりのお寺です。

その法隆寺に立っている五重塔は、１３００年以上前からのこっている世界最古の「木でつくられた五重塔」で、高さが32メートルほどあります。

——さて、ここで問題です。日本がほこる法隆寺の五重塔、いったい何階建てでしょうか？

「もちろん、5階建てにきまってる！」

そんな声が聞こえてきそうですが……いいえ、ちがいます！

法隆寺の五重塔、なんと〝1階建て〟なのです。1階より上は五重塔のなかには存在していません。

そういわれても、だれしもこう思うはず。

「どうみても、五重塔は5階建てだ！」

「じゃあ、五重塔の1階の屋根より上は、どうなっているんだ？」

実は、2階から5階にみえる場所は、単なる屋根裏にすぎません。しかも、屋根裏には柱がたくさん張りめぐらされていて、人が入るスキマもないのです。

法隆寺の五重塔だけでなく、ほぼすべての五重塔は、意外なことに「1階」までしかないのです。

「大きくみえる」五重塔は、「上ほど小さくつくった」遠近法《えんきんほう》マジック！

法隆寺の五重塔、おもしろいことに、建物の上に行くほど小さくなっています。

屋根の大きさは、上に行くほど小さくつくってあり、塔の太さも上に行くほど細くなっているのです。

なぜこのようなつくりになっているかというと、地上からみあげたときに、上の階が小さいと「高く遠くにある」ように感じられるから。

これは「遠近法」を使った建築のマジックです。

ディズニーランドのシンデレラ城も、「上に行くほど小さく」なるように、遠近法をとりいれてつくられていますが、はるか1300年以上も前につくられた法隆寺の五重塔に、すでにそんなテクニックが用いられていたのです！

遠近法のマジックのおかげで、法隆寺の五重塔の上のほうは高く遠くにみえますが、本当はそんなに高くも遠くもなくて、結局のところ五重塔は1階建てで、上のほうにはせまい屋根裏しかないのです。

5階建てにみえるけれど、実は〝6階建て〟の松本城！

「5階建て」にみえるのに実は「1階建て」、それが法隆寺の五重塔でした。

なんだか4階分ソンをしたような気分だ……そんな人のために、逆のパターンも紹

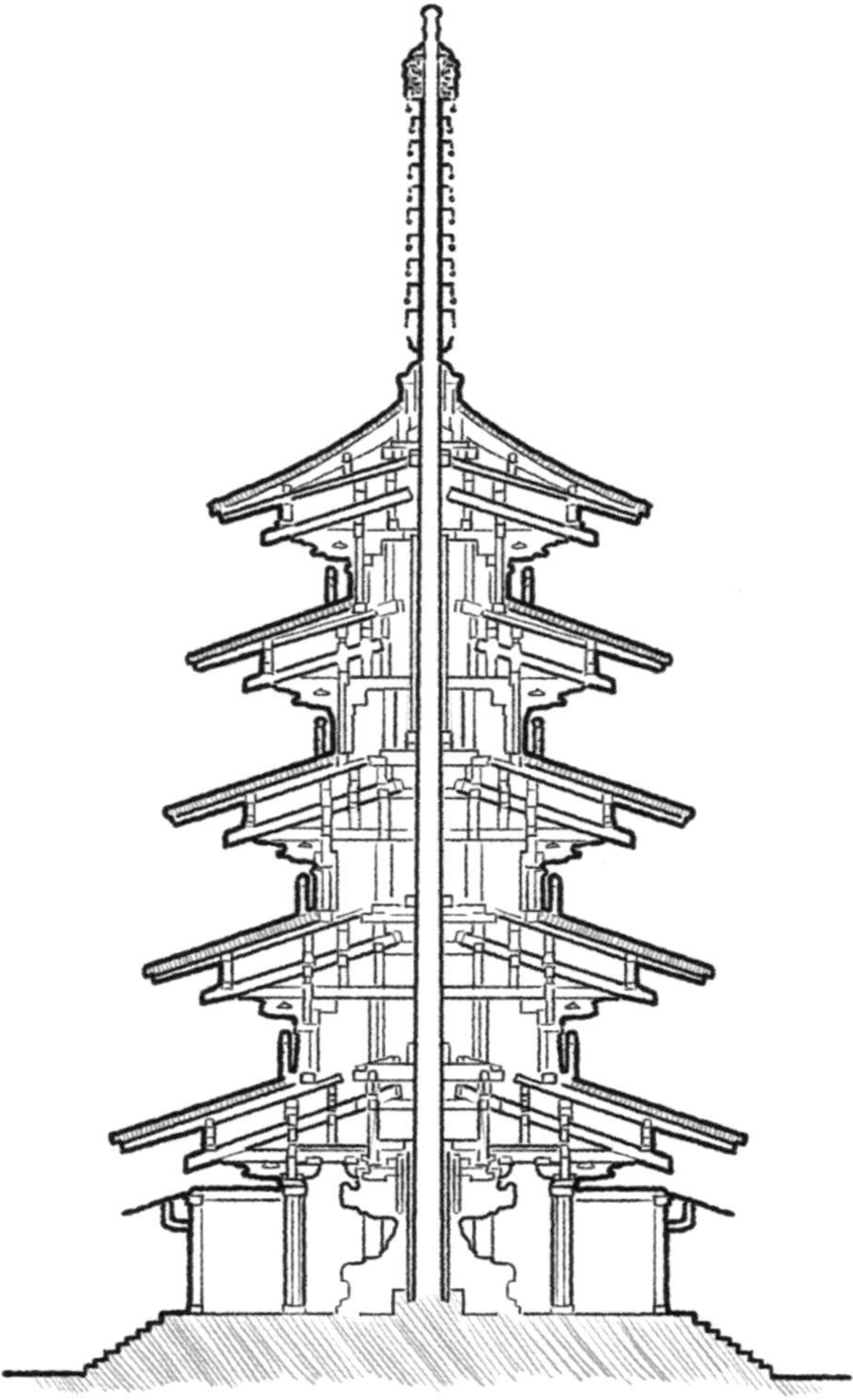

介しておきましょう。つまり、みため以上に「階数」が隠されている、歴史的な建築物です。

階数が増えてトクしたような気持ちになれる名所が、長野県にある松本城《まつもとじょう》！

松本城の天守閣は外からみると「5階建て」にしかみえないのですが、実は「6階建て」という不思議なつくりになっています。

この松本城、外見上の2階の屋根の下に、外からはみえない「3階」が隠されているのです。

3階部分には窓もなく、外からでは、その存在をうかがい知ることはできません。

そのため、松本城の「隠し階」と呼ばれる、ヒミツの階なのです。

有名な歴史的建造物には、外からみるだけではわからないヒミツが隠れているのです！

ビックリ!?memo

松本城の天守3階は「隠し階」や「暗闇重《くらやみじゅう》」とも呼ばれ、ほかの階とくらべて天井が低い。この場所は戦時、倉庫や避難所として使われたと考えられている。

親戚同士《しんせきどうし》のケンカが朝廷《ちょうてい》への反乱になっちゃった？『平将門《たいらのまさかど》の乱《らん》』の勝負は天気がきめた！

気象力学

親戚のケンカが……えっ!?　〝朝廷への反乱〟になっちゃった平将門！

平安時代、平安京から遠くはなれた地方には、国司《こくし》が交代でやってきて治めていました。国司というのは、都のある中央から地方へ派遣《はけん》されてくる役人のことです。

ところが、国司が入れかわる時期になっても、都へ戻らない〝元〟国司や、その地方にやってこない〝次期〟国司がでてきます。

なぜかというと、地方に国司がいてもいなくても、とにかく都に税を納めてさえいれば、あとは自由にやれたからです。

そうして、いつのまにか地方で力を持つ集団が生まれ、集団同士の争いが起き、武《ぶ》士団《しだん》が歴史に登場してきます。

その有名どころが平氏《へいし》や源氏《げんじ》。

この話の主人公・平将門は、現在の茨城県あたりを仕切っていた武士集団のリーダーでした。

ここでカンがいい人なら、名前にピン！　とくるはず。そう、平将門は平氏の先祖にあたる一族の生まれです。

この将門、仲の悪い親戚とケンカというか戦をしていたら――いつのまにか、朝廷にたてついた〝反乱〟ということになっちゃったのです！

それでヤケになった将門は「自分こそが新皇《しんのう》である！」といいだし、939年（天《てん》慶《ぎょう》2年）の11月、「平将門の乱」がはじまります。

新皇を名乗りはじめた将門を滅《ほろ》ぼすために、朝廷は藤原忠文《ふじわらのただふみ》を征東大将軍《せいとうたいしょうぐん》として、京都から茨城にむけて出発させますが、将門を討《う》ったのは平貞盛《たいらのさだもり》という武将でした。

ここでも名前にピン！　ときた人はするどい。平貞盛は、そもそも将門がケンカしていたまさにその人。つまり将門は、ケンカ相手だった親戚に倒されてしまったのです。

「まさか」の逆向きの風で、首をとられてしまった将門！

いまのカレンダー（新暦《しんれき》）でいえば、3月30日の昼をすぎたころ。

関東平野のど真ん中、茨城県南部で、平氏一族の親戚同士、将門と貞盛が戦いはじめます。

まず最初は、将門軍がボロ勝ちをする。

将門軍のうしろから追い風が吹いて、弓矢がビュンビュン遠くへ飛ぶ！　もちろん、貞盛軍の弓矢はむかい風なのでぜんぜん飛ばなくて、まったく勝負になりませんでした。

調子にのりやすい将門が、馬に乗ってドンドン攻めていったそのとき！

――風向きが急に逆になる。

すると、こんどは貞盛軍の弓矢がビュンビュン飛びはじめ、将門軍にあたりだす。

そこで将門はあわてて逃げだした……のだけど、弓矢が額《ひたい》にあたり、結局殺されてしまったのです。

実は「まさか」じゃなかった！
「風向きが逆になるのが当たり前」な茨城県南部の天気予報

平将門の運命を変えた「まさかの風向き逆転」、実はぜんぜん「まさか」ではありません。風向きの変化は寒冷前線《かんれいぜんせん》の通過によるものだ、とする説もありますが、新暦の3月終わりの茨城県南部では、午後3時くらいに、かならずというくらい風向きが逆転するのです。

昼の時間は、太陽であたためられた陸地にむかって海から「海風《うみかぜ》」が吹きます。将門は、この海風を背にして戦いはじめました。

ところが夕方が近づくと、だんだん冷えていく陸地から、あたたかい海にむかって吹く「陸風《りくかぜ》」に変わります。

つまり将門は、この「陸風」に負けてしまったというわけです。「海風と陸風による風向きが逆になる」のは、気象的には当たり前。

もしも、将門が現在の天気予報を聞けたなら、勝負の行方《ゆくえ》は変わっていたかもしれません。

ビックリ!? memo

平将門は京都で晒《さら》し首《くび》になった。首は数日間叫びつづけたあと、生まれ故郷である現在の茨城県めがけて飛んでいったという。このとき首が落ちたとされる場所のひとつが現在の東京・大手町で、首塚がつくられ、まつられている。

「午後4時までは南風で楽勝予想です。しかし、4時すぎから北風が強くなるので、調子にのらず、4時前には逃げましょう」

茨城育ちだった将門、落ちついて考えれば、こんな風の流れも知っていたはずなのに。

……ということは、調子にのりやすく冷静でなかった将門の性格が、すべての敗因だった？

日本刀を素手《すで》で止める『真剣白刃取り《しんけんしらはど》』は本当に可能なワザなのか？

力学

サムライの武器〝日本刀〟を素手で受けとめる「真剣白刃取り」は、まさに超人ワザ！

外国人に「日本と聞いてイメージするものといえば？」と訊《き》いて、返ってくる答えのひとつが「サムライ」。そのサムライが手にする武器といえば、もちろん日本刀です。日本刀を持ったサムライを相手に、素手で戦うというワザが「真剣白刃取り」。相手がふりおろす日本刀を、両側から手のひらではさむように受けとめる、まさに超人ワザです。

――ところで、この真剣白刃取り、実現可能なワザなのでしょうか？

ふりおろされる日本刀を止めるには、ふりおろすのと同じくらい時間がかかる！

サムライは、日本刀をふりあげ、相手をめがけて強くふりおろします。日本刀の重さは、野球の木製バットよりも重い、1〜1・5キログラムくらい。それが速いスピードでふりおろされてくるわけです。

ふりおろされる日本刀を両手ではさむのは、タイミングをピッタリ合わせればいいので、運動《うんどう》・反射神経《はんしゃしんけい》がいい人なら、けっして不可能なことではありません。世界トップレベルのプロ野球選手が、時速160キロメートルを超えるボールを、バットで打ちかえせるのと同じ理屈です。

けれど、速くて重い日本刀を受けとめることができるかというのは、また別の問題。なぜなら、サムライが力いっぱいふりおろした速くて重い日本刀を止めるには、ふりおろすためにかかったのと同じくらいの時間がかかるからです。

たとえば、加速した車を止めようとしても、急に止めることはできませんよね。それと同じように、速く動く重いものを止めるには、ある程度の時間が必要になってくるのです。

ふりおろされた日本刀を真剣白刃取りで受けとめるころには、すでに頭は真っ二つ！

日本刀をふりおろすとき、頭上に刀をかまえたサムライは、刀の回転角度《かいてんかくど》で90度くらいにわたり力をかけつづけます。

ということは、日本刀を止めるには、日本刀を両手ではさみこんでから、角度で90度くらいの間、刀のスピードを止めつづけなければならないのです。

けれど、絵を描いてみれば一目瞭然《いちもくりょうぜん》なのですが、ふりおろされた日本刀を真剣白刃取りで受けとめるころには、すでに頭は真っ二つになってしまいます。つまり、「もう、おまえは死んでいる！」という状態です。

日本刀を素手ではさんで受けとめる真剣白刃取り、科学的に計算してみると、残念ながらどう考えても実現不可能なワザなのです。

「真剣白刃取り」はフィクション。けれど実在した、徳川家兵法指南役《へいほうしなんやく》の「無刀取《むとうど》り」！

本当のところ「真剣白刃取り」というワザは、物語のなかだけのフィクションです。しかし、かつてそれに近いワザがありました。戦国末期の兵法家・柳生宗厳《やぎゅうむねよし》が生みだした「無刀取り」です。

無刀取りとは、「タイミングよく、刀を持つ相手の懐《ふところ》に入り、刀をうばいとる」というもの。

これをみた徳川家康《とくがわいえやす》はいたく感心し、その後宗厳は、兵法指南役として徳川将軍家につかえることになりました。それほどの、スゴワザだったのです。

というわけで、「真剣白刃取り」は実現不可能なワザだけれど、家康をおどろかせた「無刀取り」は実在した！

ビックリ!? memo

柳生宗厳は柳生新陰流の祖。幼少より武術にすぐれ、新陰流兵法の祖・上泉信綱《かみいずみのぶつな》の弟子となり新陰流を継承《けいしょう》した。1594年（文禄《ぶんろく》3年）、五男・宗矩《むねのり》とともに徳川家康に「無刀取り」を披露した。

第2章

スゴすぎる舞台裏にビックリ!!?

菅原道真《すがわらのみちざね》、安倍晴明《あべのせいめい》、西郷隆盛《さいごうたかもり》——〝呪《のろ》い〟のヒミツを科学せよ!

地球惑星科学 + 気象力学

「学問の神さま」菅原道真は、呪いのシンボル〝怨霊《おんりょう》〟だった!

入学試験の時期、多くの受験生が合格祈願に訪れるのが、全国にある天満宮《てんまんぐう》。頭がよくて詩歌《しいか》の才能にもひいでた菅原道真をまつった天満宮は、「天神《てんじん》さま」とも呼ばれ、〝学問の神さま〟として知られています。

いまでこそイメージのいい道真ですが、もとは〝怨霊〟のシンボルでした。学者タイプだった道真は、平安時代、無実の罪で九州の大宰府《だざいふ》に追放されると、903年(延喜《えんぎ》3年)、無念のうちに亡くなってしまいます。

道真の死から30年近くのち、平安京の天皇御所《てんのうごしょ》(清涼殿《せいりょうでん》)に雷が落ちて、貴族たちが何人も死んでしまうという出来事がありました。

すると、当時の人たちは、

「無実の罪で死んだ道真が、呪いの怨霊になり、雷をあやつる雷神《らいじん》（天神）となって、平安京に復讐《ふくしゅう》しにやってきた！」

と、おそれたのです。

この呪いを止めるため、道真は「天神さま」としてまつられるようになりました。

道真の〝呪いの落雷《らくらい》〟――天気予報があるいまなら、かんたんに予想できた！

道真の〝呪い〟といっておそれられたこの出来事、天気予報がある現代なら、実はかんたんに予測できる、ふつうの雷でした。

なにしろ、落雷が起きたのは新暦《しんれき》で夏の7月の終わり、午後3時近く。ずっと晴れがつづいた夏、カンカン照りの日差しで地面はアッチッチ。

そんなとき、「イキナリ黒雲《こくうん》があらわれ、雷が落ちた！」のは、いまの科学ならこういいます。

「午後から夕方にかけて、強い日差しによる上昇気流《じょうしょうきりゅう》で入道雲《にゅうどうぐも》（黒雲・雷雲《らいうん》）が発生しやすいので、ゲリラ豪雨《ごうう》や雷に注意しましょう！」

つまり呪いではなく、当たり前に予測できる〝気象の変化〟だったのです。

雷の発生が一番多いのは夏の午後3時ごろなので、道真の〝呪いの落雷〟はまさにその好例です。

「陰陽師《おんみょうじ》」安倍晴明のパワーのヒミツ!? 晴明は「天文・気象」の学者だった！

おそろしい呪いや不透明な未来も、科学でみれば、ふつうに予測できることだったりするもの。

それを活用したのが、平安時代の「陰陽師」安倍晴明でした。

晴明は、星の動きから未来を占いあてたり、雨乞《あまご》いを成功させたりと、大活躍します。

けれど、それも当たり前。なにしろ晴明は、「天文や気象の学者」だったのですから。

晴明が活躍した時代には、皆既日食《かいきにっしょく》やハレー彗星《すいせい》が地球に接近するといった天文現象が起こりました。

知識がない人なら「異常でおそろしい天変地異《てんぺんちい》」と思えることでも、太陽や月や星の動きを調べることを仕事にしていた晴明なら、予想できたというわけです。

もちろん、雨乞いだって、成功する確率《かくりつ》は高いにきまっています。

気象学者の晴明が、雨がまもなく降りそう、というころあいを待って、

「さぁ、雨乞いをはじめましょう！」

といえばいいわけです。

明治時代の西郷隆盛の〝呪い〟、それが赤く輝く「西郷星《さいごうぼし》」をつくりだした？

よくある自然現象を、「無念のまま亡くなった死者の呪いだ！」と騒ぎたてるのは、なにも平安時代にかぎったことではありません。

たとえば、１８７７年（明治10年）９月、太陽のまわりをまわる地球と火星の距離が近くなりました。

地球と火星は、約15〜17年周期で大接近をくりかえしています。

つまり、現代人のわたしたちにしてみれば、15〜17年に一度ある天体ショーといえるのですが、それを知らなかった明治時代の人たちは、明るく大きく光る火星をみて、

「（その９月に西南戦争《せいなんせんそう》で自刃《じじん》した）西郷隆盛が星のなかにいる！」

とウワサして、火星を「西郷星」と呼んだのです。

〝呪い〟とされていることでも、科学の視点でみると、案外とふつうの現象だったりするというお話です。

ビックリ!?memo

西郷隆盛は多くの人にしたわれ、死後10年以上たっても“生存説”が人々の間でウワサされていた。このウワサは「東京日日新聞《とうきょうにちにちしんぶん》」など、いくつかの新聞でもとりあげられた。

源義経《みなもとのよしつね》の〝逆落《さかお》とし〟——急坂を馬がかけおりることができるのか？

動物学

急斜面《きゅうしゃめん》を馬でかけおりた？　源平合戦《げんぺいがっせん》の「一ノ谷《いちのたに》の戦《たたか》い」〝逆落とし〟

平安時代の終わり、日本を支配していた平氏《へいし》が源氏《げんじ》に滅《ほろ》ぼされます。源氏と平氏の戦いで、現在の兵庫県の瀬戸内海で行われたのが１１８４年（元暦《げんりゃく》元年）の「一ノ谷の戦い」。

平氏は、まわりを急な山と海にかこまれた、守りやすい一ノ谷に陣取《じんど》ります。攻める源義経は、その一ノ谷を裏山からみおろして、こういうのです。

「急な坂だが、そこをおりていく鹿もいる。鹿がだいじょうぶなら、馬だっていける！」

……馬と鹿はちがう動物です。

馬と鹿は同じ「ほ乳類《にゅうるい》」ですが、5000万年以上前の始新世《ししんせい》に、奇蹄類《きているい》（馬やサイなど）と偶蹄類《ぐうているい》（鹿や牛など）という、ちがう種類にわかれてしまった、まったく別の動物です。

鹿のように前後の足の指が2本もしくは4本の偶蹄類は、足下が悪い場所でも安定して体を支えることができますが、馬のようにうしろ足の指が1本もしくは3本の奇蹄類は、本来は草原に生息する動物です。

馬と鹿が同じだ！　なんていいだしたら、皇帝に鹿を献上《けんじょう》して馬だといいはった、むかしの中国のお話と同じです。

鹿がイケるから馬もオッケー！　なんていう義経のセリフを聞いた家来たちはこう思ったはず。

「……ヤバい、うちのボス、かなり馬鹿《ばか》かも」

しかし、なんとビックリ！

義経たちの一群は馬とともに急坂をかけおり、平氏の陣地《じんち》のうしろから襲《おそ》いかかりました。

ビックリ!?memo

中国の史書『史記《しき》』の「始皇本紀《しこうほんぎ》」では、秦《しん》の始皇帝《しこうてい》の死後に丞相《じょうしょう》となった趙高《ちょうこう》という人物が、自分の権威《けんい》を示すため二世皇帝に鹿を献上して馬だといいはり、群臣はその威をおそれて反対しなかったと伝えられる。この故事を「馬鹿」の語源とする俗説が生まれた。

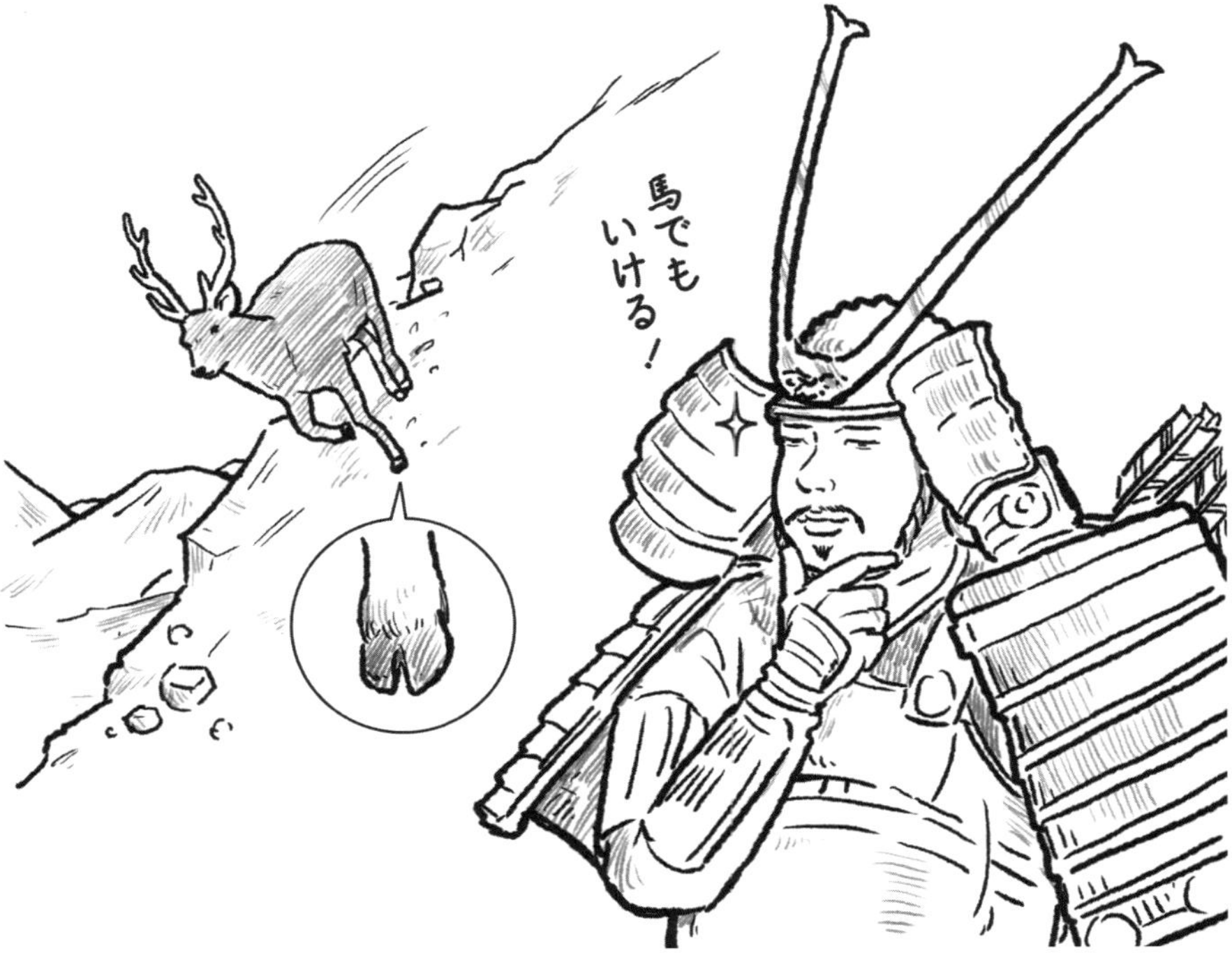
馬でもいける！

そして、平氏たちは大混乱になって逃げだしたのです。

山の斜面を歩く鹿と同じように、馬も斜面をおりることができるのか？

さあ、どうして義経たちの馬は、谷をかけおりることができたのでしょう!?

実は、むかしの武将たちが乗っていた馬は、いま、わたしたちがよく目にする馬とはちがったのです。

わたしたちが「馬」と聞いて思いうかべるのは、大きくて足も細くて平原を走るサラブレッド。

しかし、むかしの日本で馬といえば、古墳時代《こふんじだい》にモンゴルからやってきた、身長は低いけれど力強い体つきの小さな種類のものでした。

いまでも、長野県や岐阜県、九州などにはむかしながらの馬がいて、険《けわ》しい山道でも、ラクラクと歩いています。

つまり、義経が坂をかけおりたのは、サラブレッドとはかなりちがう種類の馬。だから、鹿と同じくらいに急斜面に強い――とまではいきませんが、サラブレッドとくらべると、急な坂にも強かったのです。

「鹿と馬は同じだ！　鹿がオッケーなら、馬もオッケー」

こう叫ぶ義経は、その時代の馬を考えれば「とんでもなく馬鹿なボス」ではなかったのかもしれません。

「逆落とし」については、よくわかっていないことも多く、それほどの急坂ではなかったとか、そもそも、源義経が坂をくだったわけではない、などともいわれています。

『六文銭《ろくもんせん》』真田幸村《さなだゆきむら》と『独眼竜《どくがんりゅう》』伊達政宗《だてまさむね》のヒミツ

測地学

「六文銭」がトレードマーク！　徳川軍におそれられた〝日本一の知将〟真田幸村

戦国時代の武将のなかで、とりわけ人気の高い武将のひとりが真田幸村です。上杉景勝《うえすぎかげかつ》、豊臣秀吉《とよとみひでよし》につかえ、最後は、徳川方対豊臣方の戦いで倒れます。大坂冬《おおさかふゆ》の陣《じん》では、大坂城に出城《でじろ》「真田丸《さなだまる》」をつくり、徳川方に大打撃をあたえる。さらに大坂夏《おおさかなつ》の陣《じん》では、徳川方の本陣にまで攻めこんで、あの家康《いえやす》に死を覚悟させる！「六文銭」を旗印《はたじるし》に、知将・真田幸村が率《ひき》いた真田軍は、天下におそれられていました。

この真田家の家紋《かもん》・六文銭は一文銭《いちもんせん》を6個ならべたもので、〝死をおそれない〟ことを意味するものでした。

というのも、日本ではむかしから、〝この世〟と〝あの世〟の間にあるとされた「三途《さんず》の川《かわ》」を船で渡るには、船の運賃《うんちん》として「六文」を渡すものだと信じられてきました。

「死んであの世に行くのに、船の運賃をとるの!?」と、みなさんは思うかもしれませんが、戦国時代、真田軍が掲《かか》げた六文銭のトレードマークは、

「俺たちは、三途の川を渡る船の運賃をいつも持ちあるいてるぜ！　いつでも死ぬ用意と覚悟ができてるってことさ！」

という、死をおそれない真田軍の、強さの象徴《しょうちょう》だったのです。

三途の川を渡る船の運賃「六文」って、安いの？　高いの？

戦国時代から江戸時代のころの「一文」は、いまのお金に換算《かんさん》すると「100円」くらいです。

ということは、三途の川を渡る船の運賃は約600円。東京湾《とうきょうわん》を渡るフェリーの運賃が720円なので、それとさほど変わらない値段です。

「川を渡るだけなのに、海を渡るのと同じくらいの値段なんて、ちょっと高くない？」なんて声が聞こえてきそうですが、それは「三途の川」のすごさをわかっていないから！

仏教《ぶっきょう》の教えに描かれた想像上の「三途の川」、その川幅《かわはば》は、古代インドで使われた〝距離の単位〟で「40由旬《ゆじゅん》」です。

「由旬」は、もともと「荷物などをはこびながらの1日の移動距離」でした。

そんな「あいまいな長さ」を意味する単位でしたから、時代ごとにその長さはちがいましたが、おおざっぱにいうと1由旬が約15キロメートルくらいです。

となると、三途の川の川幅は、40由旬×約15キロメートル＝約６００キロメートルにもなります！

これほど大きな川ならば、船の運賃が約６００円といわれても、「高くない！　むしろ安い！」と思うはず。

真田軍は、〝この世〟から〝あの世〟へ行く「三途の川６００キロメートルの船旅」にいつでもでる、という覚悟を旗に掲げていたのでした。

「死ぬ覚悟」の真田幸村が敵の「独眼竜」伊達政宗軍に届けた、信じられない頼み事

いつ死んでもいい覚悟をしていた真田幸村が、死の直前、ある頼み事をしたという伝説があります。大坂城にいた娘と息子を、ひとりの武将に託《たく》したというのです。

幸村が娘たちと幼い次男を託したのは、「独眼竜」伊達政宗の重臣《じゅうしん》・片《かた》倉《くら》重《しげ》長《なが》。

ここで「あれれ?」と思ったキミは歴史ツウ!

そうです、伊達政宗は徳川方で、

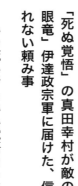

豊臣方の真田幸村とは敵同士。

それどころか、幸村が死ぬ前日、1615年（慶長《けいちょう》20年）「道明寺《どうみょうじ》の戦《たたか》い」で戦った相手が、伊達政宗軍の片倉重長隊でした。

死を覚悟した幸村が、子どもたちを託した相手、それが最後に戦った敵軍の武将だったとは！

大坂夏の陣のあと、豊臣方に対する〝残党狩《ざんとうが》り〟は、はげしいものでした。

けれど、片倉重長や伊達政宗は、幸村の娘たちや息子をかくまいつづけます。それだけではありません。片倉重長は真田幸村の長女・阿梅《おうめ》を、のちに妻にしたのです。

〝知将〟真田幸村、死の直前の人生最後の軍配《ぐんばい》こそ、〝日本一〟だったのかもしれません……。

ビックリ!? memo

片倉重長は、伊達政宗の右腕として働いた片倉景綱《かたくらかげつな》の子。景綱の妻が身ごもったとき、景綱はまだ子のなかった政宗に配慮《はいりょ》し、生まれたら殺してしまうつもりだったが、政宗に説得され、重長が誕生したといわれる。

松尾芭蕉《まつおばしょう》も悩んだ！ ちがう場所からバラバラに聞こえる、江戸時代に時刻を知らせる『時《とき》の鐘《かね》』

物理

江戸の町人たちは「時の鐘」で暮らしていた

江戸時代の「時刻」は、日の出と日の入りを基準にしたものでした。日の出の約30分前後を「明《あ》け六《む》つ」、日の入りの約30分前後を「暮《く》れ六《む》つ」とし、その間を昼夜それぞれ6等分して、「一刻《いっこく》」としていました。なので、一刻の長さは、季節によっても、昼と夜でも、ちがっていたのです。江戸時代、腕時計など持っている人はほとんどいませんでしたから、江戸の町人たちに時刻を知らせるために、「時の鐘」が用いられていました。江戸城のまわりに鐘をつるした塔《とう》をつくり、「一刻」ごとに鐘を鳴らして、つまり

1日12回、時を知らせることで、江戸の人たちは仕事にむかい、仕事を終えていたのです。

徳川秀忠《とくがわひでただ》の時代にできた「時の鐘」、順番がきめられた「音のリレー」があった

最初にできた時の鐘は、「本石町《ほんごくちょう》の時の鐘」で、現在の東京駅近くにありました。建てられたのは、江戸幕府の2代将軍・徳川秀忠の時代でしたが、家康《いえやす》が将軍だった時代から、本石町では時刻を知らせるために、太鼓が鳴らされていました。太鼓より音が遠くまで聞こえる鐘になったとはいえ、それでも、鐘の音が届く距離は3キロメートルくらい。時の鐘からはなれた場所では、時刻を知ることができません。それでは不便だということで、本石町以外の場所にも、時の鐘がつくられていきました。

かといって、江戸時代には正確に時刻を刻む時計をつくることはむずかしかったので、それぞれの時の鐘が、ピッタリ同じ時刻に鐘を鳴らすことはできません。

——ということで、鐘を鳴らす順番がきめられるようになりました。

ビックリ!? memo

本石町の時の鐘には「辻源七《つじげんしち》」という鐘つき役がいた。この名前は、本石町の時の鐘の“鐘つき役”に代々受けつがれた。本石町の時の鐘の音が聞こえる範囲に住む住人は“鐘つき料”を徴収《ちょうしゅう》されていた。

たとえば、上野《うえの》にある「寛永寺《かんえいじ》の時の鐘」を聞いたら、つぎに「市谷《いちがや》にある時の鐘」をつく。その音を聞いた「赤坂《あかさか》の時の鐘」が自分の鐘を鳴らす。それを聞いたら、東京タワー近くの「芝切通《しばきりとおし》の時の鐘」が鳴らすというように、江戸の町に時刻を知らせるために「時の鐘の音リレー」の順番がきめられていたのです。

松尾芭蕉も悩んだ、いくつも聞こえる「時の鐘の音リレー」

きびしくきめられていたはずの時の鐘の鳴らし方ですが、本当にちゃんと「音リレー」が守られていたか

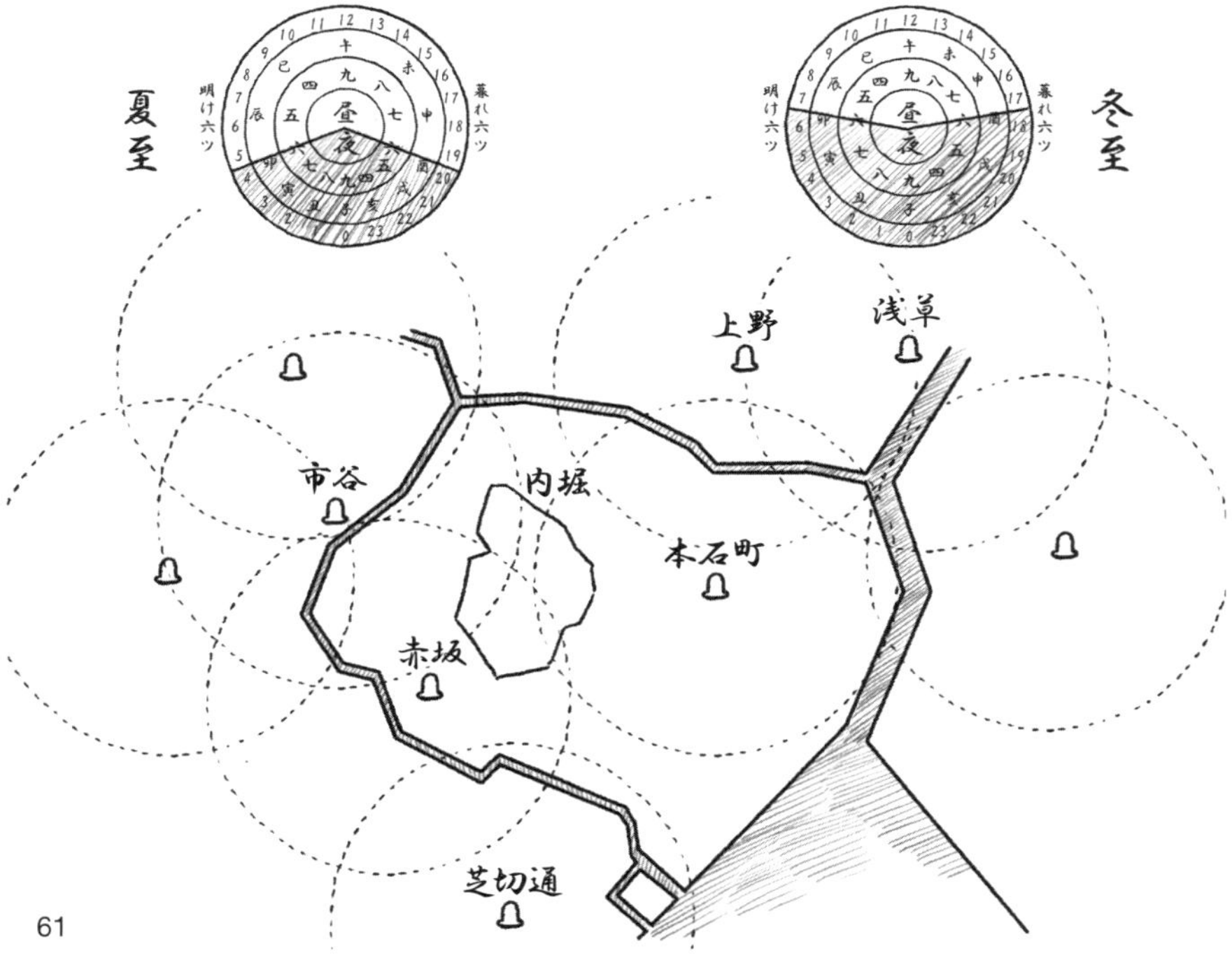

どうかはわかりません。

なにしろ、上野からから市谷までの距離は４キロメートルを超えます。

上野から市谷まで、音が届くかどうか計算してみても、

「鐘の音が届くときも多いけれど、聞こえないときもある」

という結果になります。

そして、もしも鐘の音が届いたとしても、もうひとつ別の問題がでてきます。

それは、遠くはなれていると「鐘の音が届くのに時間がかかる」ということ。

４キロメートルというと、歩いて1時間くらいかかる距離です。

音が伝わる速さは1秒で３４０メートルと、とても速いのですが、４キロメートルも距離がはなれていると、鐘の音が伝わるまでにはけっこうな時間がかかってしまいます。

計算してみると、４キロメートル（４０００メートル）先まで届くには、４０００／３４０＝12秒もかかる！

ひとつの時の鐘からつぎの鐘まで、〝鐘の音を伝えるのに12秒もかかる〟のでは、

時の鐘の音リレーが最後まで届くには、２分近くかかってしまいます。

つまり、江戸の町に住む人たちは、いろんな場所にある時の鐘が、やっぱりバラバラなタイミングで聞こえていたわけです。

松尾芭蕉の句にある「花の雲　鐘は上野か浅草《あさくさ》か」がその証拠《しょうこ》！

「遠くから時の鐘が聞こえるけれど、上野寛永寺の鐘かな？　それとも浅草寺《せんそうじ》の鐘かな？」と芭蕉が悩んだのは、別のタイミングでちがう時の鐘が聞こえてきたからなのです。


江戸城で働く人が遅刻しないように！と、30分早く鳴らされた「時の鐘」もあった！


新宿《しんじゅく》にあった時の鐘は、新宿から遠い江戸城へ仕事に行く人たちが遅刻しないように、朝の鐘を30分ほど早く鳴らしていたといわれています。

遅刻しないためとはいえ、30分も早く鳴る時の鐘なんて……。

江戸時代の時刻の守り方は、いまよりもかなり自由だったのかもしれません。

元寇《げんこう》でモンゴル帝国《ていこく》と戦う鎌倉武士に味方した〝神風《かみかぜ》〟──いったいどのくらいの〝パワー〟なの？

気象力学

冬の強い海風と秋の台風、これが日本を救った〝神風〟の正体だ！


鎌倉時代の中ごろ、モンゴル帝国（元《げん》）が日本を攻めてきます。

その当時、モンゴルは世界で一番強く、アジア大陸をひろく支配していました。

そんな世界最強のモンゴル軍団が、2回も日本を襲《おそ》ったのが「元寇」です。

1回目は1274年（文永《ぶんえい》11年）の冬、モンゴルは900隻《せき》の船に乗ってやってきました。

しかし、このときは博多湾《はかたわん》に冬の大風が吹き荒れます。荒れた海に耐えられず、モンゴル軍は大陸に戻っていきました。

2回目の1281年（弘安《こうあん》4年）秋には、1回目を上まわる4400隻もの船で襲ってきましたが、このときもモンゴル軍は秋の猛烈《もうれつ》な台風に襲われて、日本攻略をあきらめ大陸に帰っていったのです。

日本のピンチを救った2度の風は〝神風〟と呼ばれています。

ではこの神風、いったいどのくらい強かったのでしょうか？

世界最強のモンゴル軍を追いかえした2回目の〝神風〟――台風の力に焦点《しょうてん》をあてて、調べてみることにしましょう！

〝神風〟パワーは、強力爆弾100万トン分！

台風は、おそろしいほどのエネルギーであばれています。

台風を火薬爆弾（トリニトロトルエン爆弾）にすると、100万トン近い強力な爆弾と同じエネルギーです！

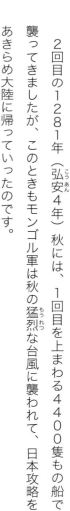

火薬爆弾にたとえてもわかりにくい？

ならば、マグニチュード7超えの大地震と同じくらいのエネルギー、あるいは、爆弾1トンが、雷雲《らいうん》が落とす雷のパワーとだいたい同じくらいなので、神風台風は雷でいうと100万回分にもなります！

え？　地震や雷でたとえてもわかりにくい⁇

でも、そう感じるのも当たり前。

つまり、日常生活では実感できないほどのすさまじいパワーがつまってあばれているのが、台風なのです。

こんな台風を前にしたら、世界最強のモンゴル軍でも思わず逃げだしたくなるのは、うなずけます。

〝神風〟は、実は吹かなかったという説も！

けれど、実は元寇でモンゴル軍に勝ったのは〝神風〟が理由じゃない！　という説もあります。

けっして自然天候が理由ではなく、鎌倉時代の武士たちがねばり強く戦ったことで、モンゴル軍はなかなか日本を攻めきれず、撤退《てったい》したというのです。

台

この、鎌倉幕府の北条時宗《ほうじょうときむね》が率《ひき》いる鎌倉武士たちががんばった説も、有力です。

というわけで、結論は、

「台風パワーはすさまじい」

「けれど、実際に〝神風〟がモンゴル軍を追いかえしたかは諸説あり」。

ビックリ!? memo

北条時宗は、1268年(文永5年)に18歳の若さで第8代執権《しっけん》となった。1271年(文永8年)、モンゴル帝国は国名を元とあらため、日本を自国に従わせようと使者を送ってきたが、時宗はこれを無視した。

曲亭馬琴《きょくていばきん》『兎園小説《とえんしょうせつ》』に描かれた“UFO《ユーフォー》みたいなナゾの円盤船《えんばんぶね》”。いったいどこからやってきた?

海洋物理学

十返舎一九《じっぺんしゃいっく》『東海道中膝栗毛《とうかいどうちゅうひざくりげ》』が出版された翌年、江戸に円盤型のUFOがやってきた!?

江戸時代の後期、曲亭馬琴（滝沢馬琴《たきざわばきん》）という作家があらわれます。

馬琴が書いた有名な物語のひとつが『南総里見八犬伝《なんそうさとみはっけんでん》』。世界にちらばる8つのボール（それぞれ、仁《じん》・義《ぎ》・礼《れい》・智《ち》・忠《ちゅう》・信《しん》・孝《こう》・悌《てい》の文字が書かれている）を集める旅をしながら、敵と戦うお話です。人気マンガ『ドラゴンボール』は、『南総里見八犬伝』がベースになっています。

そんな馬琴がつくった本に、『兎園小説』という、〝奇妙な話〟をまとめたものがあります。

この本のなかに、十返舎一九の『東海道中膝栗毛』が世にでたつぎの年、１８０３年（享和《きょうわ》３年）、現在の茨城県の海辺に、円盤型の不思議な〝虚舟《うつろぶね》〟があらわれたという話（「うつろ舟《ぶね》の蛮女《ばんじょ》」）が収められています。

それによると、茨城県の海辺にあらわれた直径が６メートルほどの円盤みたいな乗り物に、ピンク色の肌をして、髪の色は赤く、背の高さは、衣類から推測《すいそく》して１８０センチメートルくらいある女性が乗っていたというのです。

「うつろ舟の蛮女」には挿絵も描かれていて、おそらく絵をみた人は黙《だま》りこんでしまうか、叫んでしまうはずです。

――なぜなら、描かれているのはどうみても、円盤型のＵＦＯ、アダムスキー型の宇宙船にしかみえないからです！

この奇妙な話は、馬琴の『兎園小説』のなかだけに登場する想像上の物語ではありません。

実は江戸時代の「かわら版《ばん》」、つまり当時の新聞にものっている、れっきとした事実なのです。

ビックリ!?memo

日本で初めて原稿料をもらった作家は、曲亭馬琴の先生・山東京伝《さんとうきょうでん》といわれている。そして、日本で初めての専業作家（原稿料だけで生活する）が、馬琴だった。

曲亭馬琴『兎園小説』に描かれた円盤型のナゾの乗り物。いったいどこからやってきた？

では、このナゾの乗り物はいったいどこからやってきたのでしょうか。科学的に考えると、地球の近くで生命体がいそうな場所は、木星の衛星《えいせい》「エウロパ」や、土星の衛星「タイタン」「エンケラドス」です。

けれど、〝虚舟がどこからきたか〟を、また別の科学の視点でみてみると、新たな可能性が浮かびあがってきます。

ナゾの円盤型の乗り物がみつかったのは茨城県の舎利浜《しゃりはま》というところ。ここは、九十九里浜《くじゅうくりはま》と鹿島灘《かしまなだ》にはさまれた銚子半島《ちょうしはんとう》にあります。

このあたりは「日本海流《にほんかいりゅう》」が流れる場所。フィリピン近くから台湾《たいわん》と石垣島《いしがきじま》の間を通り、日本の太平洋沿《たいへいようぞ》いを北にむかって流れるのが日本海流、つまり「黒潮《くろしお》」です。

だとすると、フィリピンや台湾近くの海で船が難破《なんぱ》して、黒潮に乗って茨城県の舎利浜に流れついた、という可能性が浮かんできます。

島崎藤村《しまざきとうそん》「椰子《やし》の実《み》」のように、台湾で難破しても10日くらいで銚子半島にたどりつく？

島崎藤村が作詞した「椰子の実」で歌われたように、日本の太平洋沿いの海岸には、黒潮に乗って遠い南国から椰子の実が流れてきたりします。

黒潮の流れは時速7キロメートくらいで、台湾から銚子半島までは、その距離およそ2000キロメートル。

ということは、台湾の近くで難破しても、黒潮に乗れば10日ほどで茨城県の舎利浜までたどりつきます。

そして思いだしてください。

ナゾの船に乗っていたのは、背が高くてピンク色の肌をした、髪の色が赤い女性。

これはヨーロッパの白人系の女性によくみられる外見です。

そういうことから、日本の南で難破した船に乗っていたヨーロッパ女性が、銚子半島に流れついた！　と考えるのが正しそうです。

――けれど、円盤型の船なんて存在するのでしょうか？　もしかしたら……。

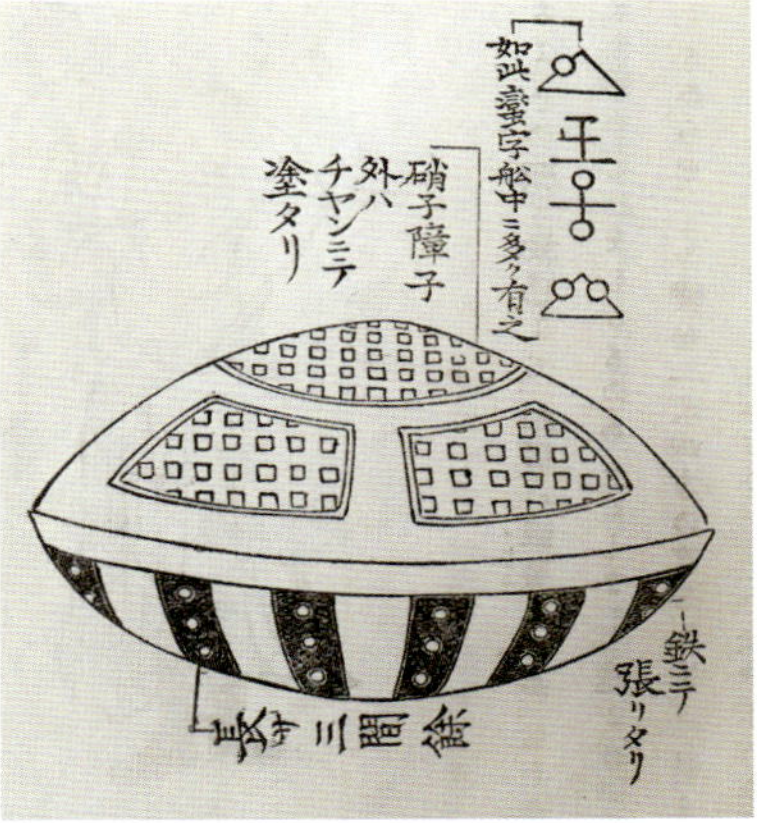

Ⓣ→「うつろ舟の蛮女」国立公文書館所蔵

坂本龍馬《さかもとりょうま》の大ピンチ！ “抜かれた銃弾1発”のナゾをとけ！

兵器工学

坂本龍馬と土方歳三《ひじかたとしぞう》の共通点!? “ピストルの時代”の到来に気づいていた

江戸から明治へと時代が変わろうとする幕末には、たくさんのヒーローが生まれました。そのなかでもはずせない人気者、それが坂本龍馬と土方歳三です。

龍馬は海援隊《かいえんたい》をつくり、薩長同盟《さっちょうどうめい》をとりもつなど、明治維新《めいじいしん》の影の立役者《たてやくしゃ》のひとり。

つまり、江戸幕府を倒す志士《しし》のヒーローです。

それとは逆に、土方は京都の反幕府《はんばくふ》の志士をとりしまる、幕府側の新撰組《しんせんぐみ》の副長《ふくちょう》。

正反対の立場にいたふたりですが、実は共通点があります。

それは「もう日本刀で戦う時代でなく、ピストルの時代だ」とわかっていたことです。

龍馬はピストルを肌身《はだみ》はなさず、いつも持ちあるいていたことで有名です。京都・寺田屋《てらだや》で襲《おそ》われたときにも、ピストルの銃弾を撃《う》ちつくすまで戦い、命からがら逃げだすことができました。

一方の土方も、箱館戦争《はこだてせんそう》を戦う北海道で撮った写真には、シャツを着て、ズボンとブーツを身につけ、腰にはピストルをぶらさげた姿で写っています。

新撰組というと、あさぎ色の羽織《はおり》に袴姿《はかますがた》、日本刀で戦うというイメージですが、洋装で写真に写る土方はハンサムでスタイルもよく、まるでヨーロッパの騎士《きし》かファッションモデルのようです。

龍馬大ピンチ！　リボルバーから〝抜かれた銃弾1発〟のナゾ？

坂本龍馬と土方歳三の共通点は使っていた拳銃《けんじゅう》にもありました。ふたりとも、スミス&ウェッソン社の拳銃を使用していたのです。「リボルバー」と呼ばれる、回転する円筒《えんとう》シリンダーに弾丸をこめるピストルです。

ちなみに、寺田屋で龍馬の命を救ったピストルは、スミス&ウェッソン第《だい》Ⅱ型《がた》と呼ばれる、シリンダーに6発の銃弾をこめるタイプ。

――ところが、この寺田屋事件、龍馬の大ピンチをまねく大きな〝ナゾ〟があるのです。

それは、龍馬が持っていた6連発のリボルバーから「1発だけ銃弾が抜かれていて、5発しか銃弾を撃てなかった」こと。このことを龍馬は手紙に書いています。

そのせいで、銃弾を撃ちつくしてしまった龍馬は、弾をこめなおすこともできず、あわや殺されそうになったのです。

6連発のリボルバーに、なぜ5発しか銃弾がこめられていなかったのか。

逆にいうと、

「なぜ、銃弾1発がリボルバーから抜かれていたのか？」

みなさんも不思議に思うのではないでしょうか？


銃弾を抜いていた犯人は、坂本龍馬その人だった！


銃弾1発を抜いていた犯人、それは……坂本龍馬本人でした。

なぜそんなことをしたのかというと、龍馬は「ピストルの暴発《ぼうはつ》をおそれていた」から。

ビックリ!?memo

坂本龍馬は“筆まめ”で、現在でも130通以上の手紙がのこされている。もっとも多いのは姉・乙女《おとめ》に宛てたものだった。

ピストルは、ハンマー（撃鉄《げきてつ》）が銃弾を叩《たた》いて銃弾の内部の火薬を爆発させ、そのエネルギーによって弾《だん》頭《とう》が発射《はっしゃ》されます。

ところが当時のリボルバーは、ハンマーと銃弾の仕組みが完璧《かんぺき》ではなく、シリンダーに銃弾をすべてこめていると、なにかのショックで、勝手に弾が発射（暴発）されてしまうことがありました。

それをさけるための秘策が、シリンダーから銃弾を1発抜き、ハンマーと銃弾が不用意にぶつかることがないようにするというもの。

この「弾丸1発抜き」の裏ワザを生みだしたのは、いつもピストルを持ちあるいていた、アメリカの西部《せいぶ》開拓《かいたく》時代《じだい》のカウボーイたちでした。

同じく、いつもピストルを持ちあるいていた龍馬。寺田屋では大きなピンチこそまねきましたが、リボルバーから銃弾を1発抜いていたのは、実は暴発事故防止のための、よく考えられた「安全対策」だったのです。

第3章
ヤバすぎる異彩にビックリ!!?

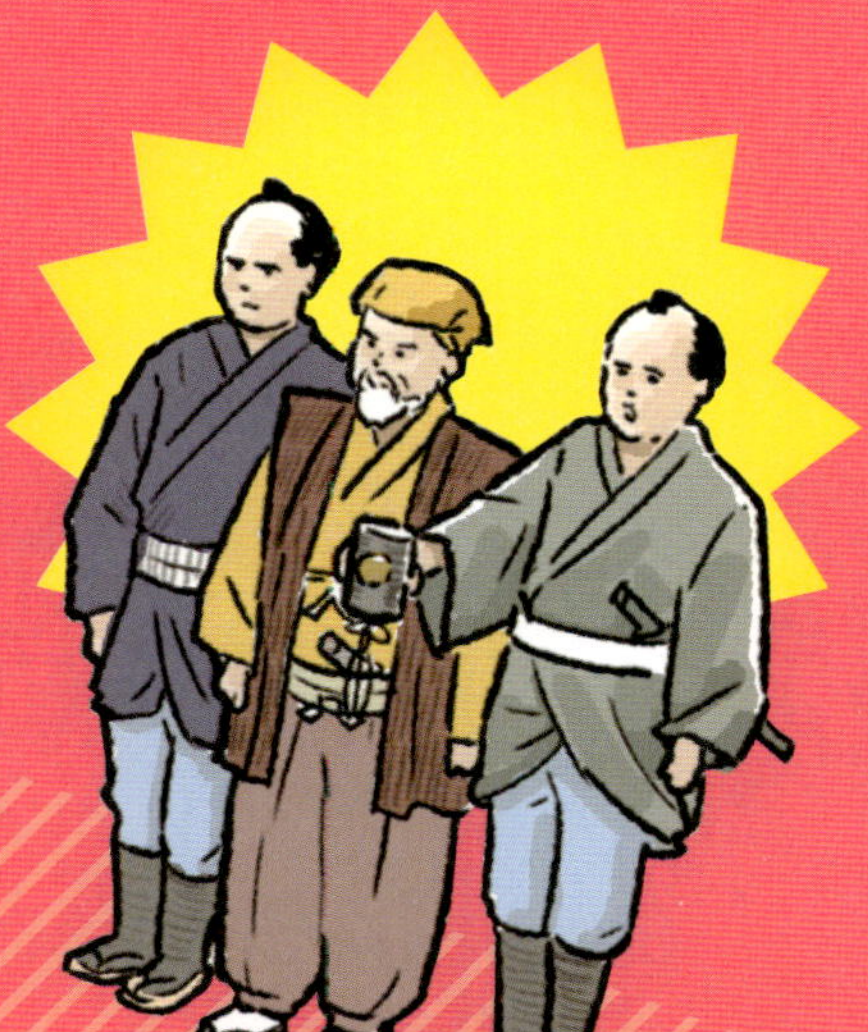

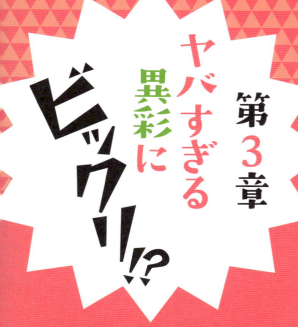

大地震や富士山大噴火が起こった江戸時代、5代将軍・徳川綱吉《とくがわつなよし》を守った『地震《じしん》の闇《ま》』

地球物理学

日本の歴史は地震の歴史！　江戸時代、宝永地震《ほうえいじしん》は富士山の噴火もひきおこした！


日本列島は、地球上でもっとも地震が起きやすい場所にあります。

地球の表面は、何枚かの「大陸《たいりく》プレート」と「海洋《かいよう》プレート」でおおわれています。大陸プレートと海洋プレートは、それぞれちがう向きに動き、ぶつかりあう場所で地震が起きます。

ユーラシアプレート、北米《ほくべい》プレート、フィリピン海《かい》プレート、太平洋《たいへいよう》プレートがぶつかりあう場所が、ここ日本列島なのです。

そんな日本列島のなかでも、関東地方は、まさに地震発生場所の中心に位置しています。

なので、いまもむかしも地震が起こるのは当たり前。江戸時代にも、大きな地震が何度も起きていました。

1703年（元禄《げんろく》16年）と1707年（宝永4年）には、元禄地震《げんろくじしん》、宝永地震という、関東や東海地方を震源とする超巨大地震がたてつづけに発生しています。どちらの地震もマグニチュード8を超えるすさまじさ。

宝永地震が起きた直後には、富士山が噴火したほどです！　地震のゆれが富士山の地中のマグマをゆりうごかして、噴火をひきおこしたのです。

5代将軍・徳川綱吉の寝室近くには、大地震時に逃げこむ「地震の間」がつくられていた！

江戸年間の大地震はこれだけではありません。江戸時代後期の1855年（安政《あんせい》2年）には、江戸直下を震源とする、安政江戸地震も起きました。

このように、地震が起きやすい日本の江戸という場所柄、江戸城では「将軍を超巨大地震から守る」ための安全対策が、しっかりとられていたのです。

ビックリ!? memo

宝永地震は日本最大級の地震のひとつ。震源は太平洋沖、規模はマグニチュード 8.4、被害は関東から九州までに及んだ。

安全対策のヒミツは、江戸城の見取り図のなかに隠れています。

宝永地震が起きたころの江戸城の見取り図を注意深くみてみると――5代将軍・徳川綱吉が暮らす部屋のすぐ近くに「地震の間」というナゾの言葉が書かれています（※左ページの写真は、元禄期、江戸城西ノ丸の見取り図）。

この地震の間こそ、将軍を守るための〝江戸城の地震対策シェルター〟なのです！

地震の間がある場所は、将軍の部屋のとなりで、中庭の中央。将軍がすぐに逃げこむことができる場所でした。

ひろい庭の中央に建てられていたので、もしもまわりの建物が倒れたとしても、まきこまれる心配もありません。

地震の間のヒミツはこれだけではありません。

滋賀県の彦根城《ひこねじょう》にある「地震の間」を参考にすると、
・「地震の間」をのせる場所は、土が崩《くず》れないように、土台をとてもかたくする。
・「地震の間」は地面に固定しないので、地面が強くゆれても、「地震の間」は地面の上ですべるだけで、建物自体に大きなゆれが伝わらない。

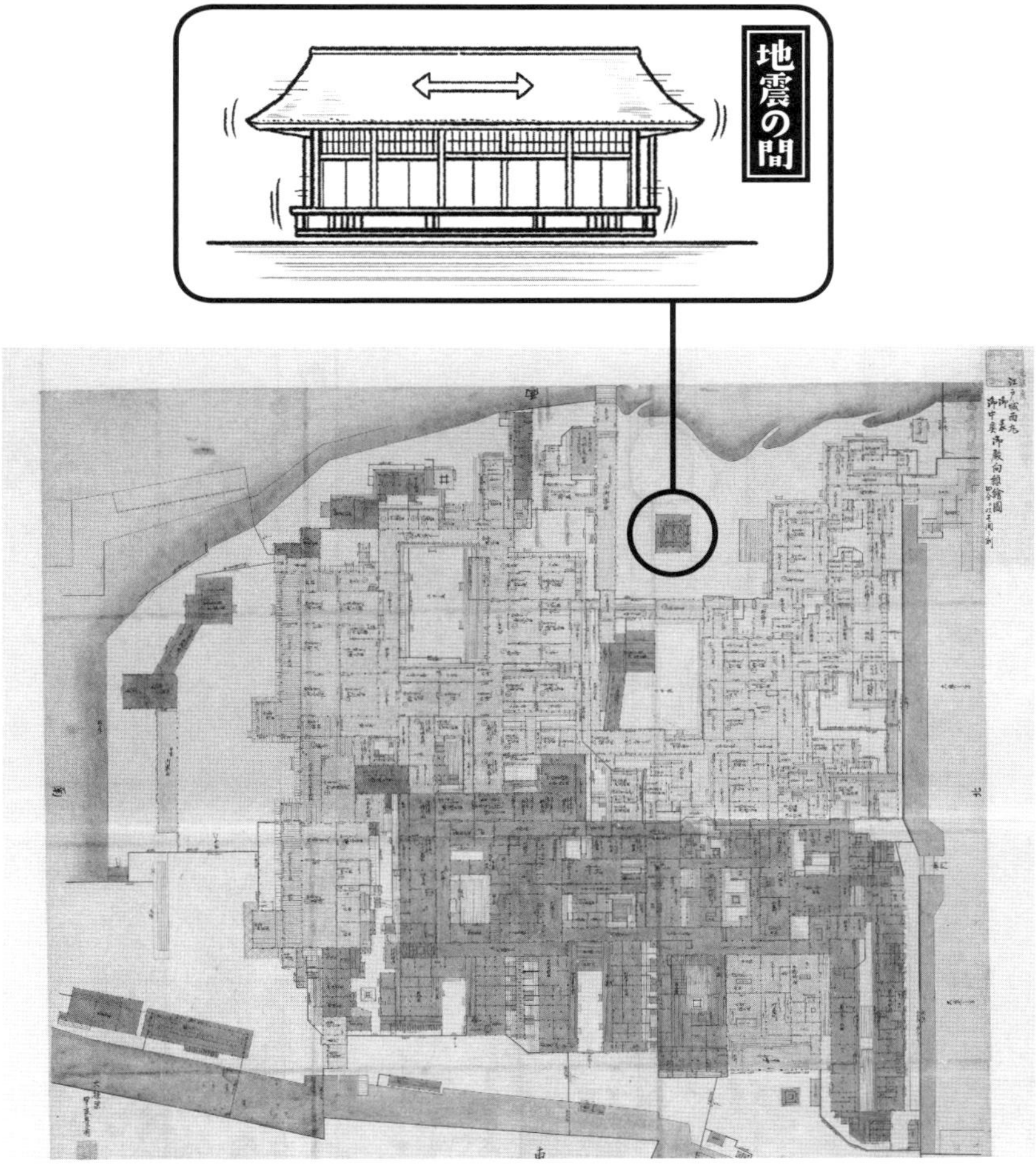

元禄度江戸城西丸御表御中奥御殿向総絵図

都立中央図書館特別文庫室所蔵

・天井は軽いものでつくり、上からものが落ちないように、縄などを張った安全対策をする。

と、実に様々な工夫がされているのです。

地面に固定せず、地面のゆれを建物に伝えないようにするというあたりは、現代の高層ビルの地震対策とまったく同じです。

つまり地震の間には、21世紀の最先端《さいせんたん》テクノロジーと同じような安全対策がなされていたのです！

約250年もつづいた江戸時代、その間、将軍が地震で命を落とすようなことがなかったのには、このような科学的なヒミツがあったのです。

源《げん》平《ぺい》合《がっ》戦《せん》で海《かい》上《じょう》の扇《おうぎ》を射《い》抜《ぬ》いた那《な》須《すの》与《よ》一《いち》。そんなワザは本当にできる!?

『平《へい》家《け》物《もの》語《がたり》』に登場する、船上の扇を射抜いた那須与一のエピソード

力学

平安時代の末期は、源氏《げんじ》と平氏《へいし》が合戦をくりひろげていた時代。

源平合戦に登場する源氏方の武将で、弓の名手といわれていたのが那須与一です。

『平家物語』には、瀬戸内海を舞台にした1185年（文治《ぶんじ》元年）の「屋島《やしま》の戦《たたか》い」のさまが描かれています。

夕刻、日が暮れたので勝負を決することができず休戦となったとき、陸にいる源氏軍にむかって、平氏が沖から船を近づけて挑発《ちょうはつ》してきます。

船には1本の竿《さお》が立てられ、その先端に扇が据《す》えられています。船に乗っていた敵方の女性から「さあ、これを射抜けますか？」と示されたその扇を、源義経《みなもとのよしつね》の家来・那須与一が見事に射抜いたという話です。

扇を射落とした距離は約75メートル――実はあまり遠くない？

『平家物語』に描かれた那須与一のはなれワザは、こんな感じ。

「岸から船までの距離は、およそ7、8段《だん》（80〜90メートル）。与一は馬に乗って海に入り、船までおよそ75メートルの距離まで近づいて矢を射った」

ここで与一のはなれワザを、弓道《きゅうどう》をベースに考えてみましょう。現代スポーツとしての弓道には、２種類の競技があるのを知っていますか？

ひとつは、28メートルの距離（近距離《きんきょり》）から的を射る競技、もうひとつは、60メートルの距離（遠距離《えんきょり》）から的を射る競技です。

与一が射抜いた75メートル先にある的（扇）というのは、弓道でいえば遠距離の競技と同じくらい。

つまり与一は、矢をあてることが不可能ではない距離に、ちゃんと近づいていたの

ビックリ!? memo

『平家物語』は戦を題材にした“軍記物語”の最高傑作。琵琶法師《びわほうし》が、琵琶を弾きながら物語を語る「平曲《へいきょく》」としてひろく人々に伝えた。

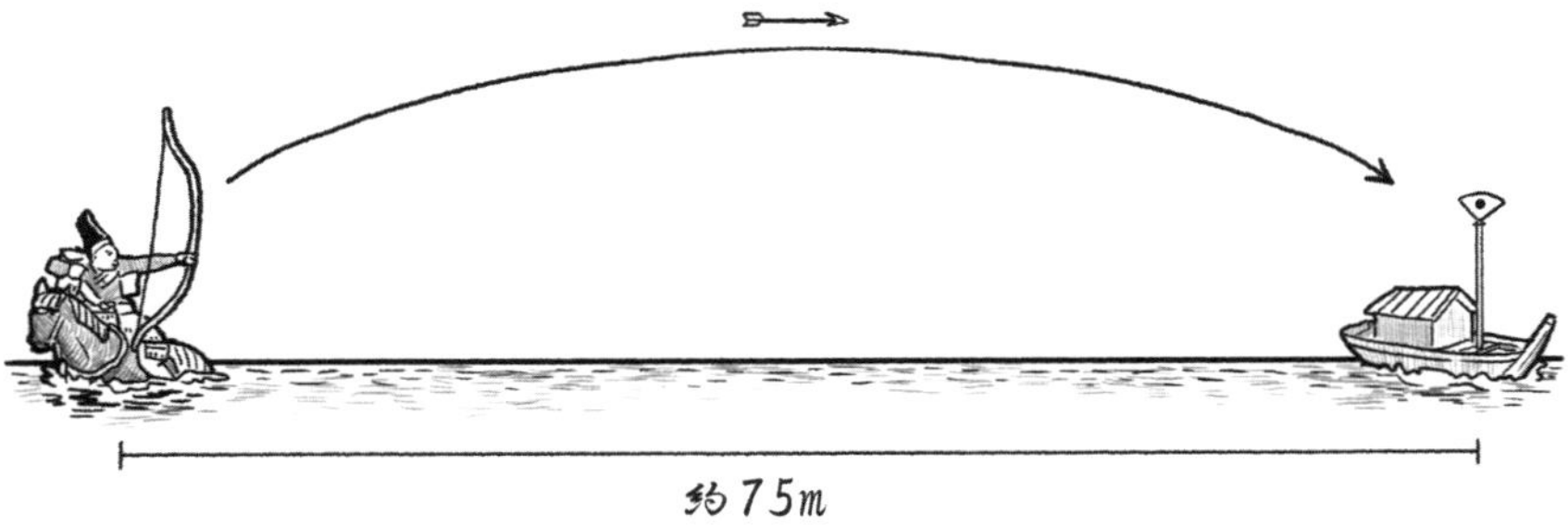

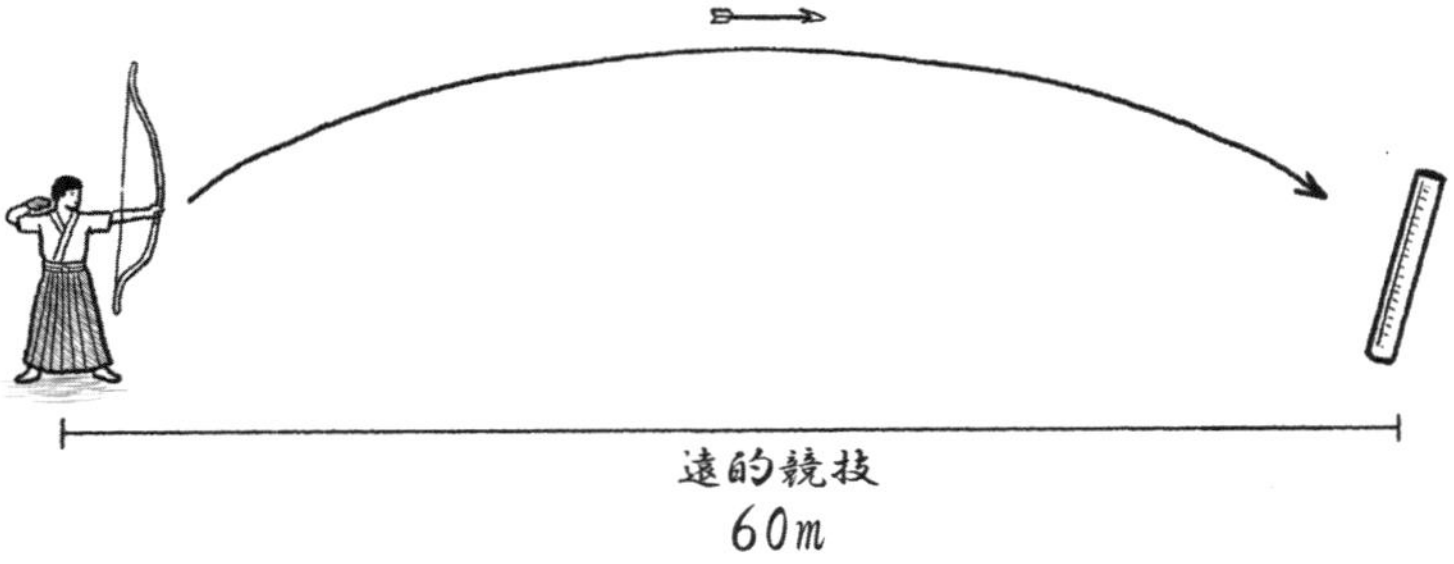

です！

75メートル先にある扇、そこに矢が届くまでには、1秒以上の時間がかかる！

けれど、扇までの距離はさほど遠くなかったとしても、与一がねらう的はゆれ動く船の上にありました。そこに矢をあてるなんてことが、本当にできるのでしょうか？ なにしろ、矢が射られてから扇に届くまでには時間がかかります。

弓矢の達人が放つ矢のスピードは、およそ1秒に80メートルと速いもの。

ということは、与一が射た矢はおよそ1秒で、75メートルはなれた扇に届くわけで、与一は、「扇が約1秒後にある場所」をねらって射なければならないわけです！

源義経が那須与一を選んだのは「動くものを弓矢で落とす」のが得意だったから

『平家物語』には、那須与一は風が弱まった瞬間《しゅんかん》に、弓を射たと書かれています。冷静に、扇のゆれがゆっくりになった瞬間をねらい、矢を放ったのです。

与一が持っていたのは、的まで近づく的確な判断力と、速い矢を放てる能力だけではありません。実は、こんな場面だからこそいかせる、もうひとつの能力を持っていました。

『平家物語』には、「あの扇を弓矢で射抜くことができる者を呼べ」と命令する義経に、「那須与一という男は、飛ぶ鳥を射れば、3回に2回はかならず落とす」と推薦《すいせん》された様子が描かれています。

つまり与一は、空を飛ぶ鳥のように動く的が、「つぎの瞬間にどこにいるかわかり、そこに矢を射ることができる能力」も持ちあわせていたのです。

波間の船上でゆれる扇を、確実に矢で射る――それができたのは那須与一だけだったのでしょう。

『平家物語』には、敵の平氏が与一の腕をほめたたえ、扇が据えられていた場所に立って舞を舞ったと書かれていますが、それもうなずけますね。

超高速な加賀藩《かがはん》の参勤交代大名行列《さんきんこうたいだいみょうぎょうれつ》！

最高速度は1日100キロで、500キロを1週間で走りぬく！

スポーツ工学

徳川《とくがわ》3代将軍の家光《いえみつ》がつくった「参勤交代」――大名行列の速さはいったいどのくらい？

江戸時代、日本全国の大名たちは、1年おきに自分の領地からでて、江戸で1年間暮らすことがきめられていました。

これは「参勤交代」といって、江戸幕府3代将軍・徳川家光によってつくられたきまりです。大名は自分の国と江戸に1年おきに住み、一方その妻や子どもは江戸の屋《や》敷《しき》に暮らすことが定められたのです。妻や子どもは、つまりは人質《ひとじち》のようなものでした。

この参勤交代、移動はもちろん徒歩《とほ》でしたが、そのペースはかなり速いものでした。どういうことかというと、日本の各地から江戸までは、とにかく遠いわけです。長距離をゆっくり歩いていたら、何日も時間がかかってしまいますよね。

時間がかかるということは、宿代や食料代など、お金もたくさんかかるということ。

どの大名も、参勤交代に必要なお金を準備するのは、本当に大変なことでした。

なので、

「ゆっくり歩いていたら、お金がかかってたまらないぞ！」

「お金を節約するために、とにかく早足でドンドン歩け！」

これが、参勤交代の大名行列のオキテだったのです。

というわけで、参勤交代では1日40キロメートルくらい、つまりフルマラソンと同じくらいの距離を、ひたすら早足で歩いていました。


参勤交代の限界スピードは、時速10キロメートルで10時間走りつづけて1日100キロメートル！


お金を節約するため、比較的速いペースで移動した参勤交代の一行《いっこう》ですが、もしも限界までがんばったなら、その速度はどのくらいになるのでしょう？

道に灯《あか》りもない江戸時代、歩くことができるのは昼の12時間くらいだけ。

ビックリ!?memo

「武家諸法度《ぶけしょはっと》」には、大名は１年おきに国もとと江戸に住み、江戸に参勤することが定められている。1642年（寛永《かんえい》19年）の改正で、関東の大名は半年交代になった。

橋がかかっていない川を渡り、ときどき休んだりすることも考えれば、移動に使える時間は実質10時間くらい。

もしも速めのランニングと同じくらいのスピード（時速10キロメートル）で、10時間ひたすら走りつづけることができたなら、時速10キロメートル×10時間で1日100キロメートルの距離になります。

最速の参勤交代王!? 500キロメートルを1週間で走りぬけた、加賀藩4代目藩主・前田光高《まえだみつたか》！

1日100キロメートルも進む参勤交代なんてあるわけない！と思いますよね？しかし、おどろくべきは歴史の真実、そんな超高速参勤交代が実際にあったのです！

現在の石川県と富山県にまたがる加賀藩の4代目藩主・前田光高は、1643年（寛永20年）、金沢城から江戸まで、わずか6泊7日でたどりつきました。

金沢と江戸の間は、東海道（江戸～大坂間）と同じくらいのおよそ540キロメートルの距離があります。

金沢を出発する日と江戸に着く日は、あまり歩く時間もないし、走ったりもできません。

すると、使える移動時間は実質6日間。移動距離を計算すると、1日あたり100キロメートルで、限界トップスピードにかぎりなく近い。

しかも、金沢と江戸の間は、ちっとも平らな道ではなく、険《けわ》しい山や谷もたくさんある。

なのに、1日100キロメートルの速さで、540キロメートルを走りぬけた加賀藩チームのスピードは、すさまじいといわざるを得ません！

前田光高が、参勤交代の速さの日本記録を打ちたてたのには、実は特別な理由がありました。

江戸に住む妻のもとから、

「もうすぐ子どもが生まれそう！　あなた、早く江戸に来て！」

と連絡があったのです。

それを聞いた前田光高は、もちろんがんばる！　というわけで、寝る間も惜しんでひたすら江戸にむかって走りつづけた、というわけなのです。

超高速の参勤交代、そのかげに隠されたヒミツは「生まれる子どもに会いに行くため」でした。

江戸時代の発明家、人に教えたくなる平賀源内《ひらがげんない》のエピソード?

化学

発明家・コピーライター・画家・作家……たくさんの顔を持つ平賀源内

日本の歴史上の人物で、上位にくいこむ大変人《だいへんじん》といえば、平賀源内です。

摩擦《まさつ》でできる静電気をためて火花を飛ばす「エレキテル」を修理、復元する。

夏に売れ行きが落ちるうなぎ屋さんのために「宣伝《せんでん》コピー」をつくり、土用《どよう》の丑《うし》の日《ひ》にうなぎを食べる風習をはやらせる。

江戸時代に「油絵」を描き、『ガリバー旅行記《りょこうき》』みたいな物語を書く……。

ありとあらゆることをやりつづけた、変わり者というか、才人です!

そんな平賀源内、実は鉱山開発《こうざんかいはつ》の技術にすぐれた人でした。

そこで、源内の鉱山開発技術にまつわるエピソードを調べてみることにしましょう！

エレキテルよりすごい！　火でも焼けない布「火浣布《かかんぷ》」

平賀源内がつくったものというと、最初にもあげたように「エレキテル」が有名です。その一方で、源内はもっと役立つすぐれ物をつくっていたのです。それは火にさらしても燃えない布でした。

現在の埼玉県の秩父《ちちぶ》の鉱山で石綿《いしわた》（アスベスト）をみつけた源内は、熱に強い石綿を編んで、火でも燃えない丈夫な布をつくりあげます。これを「火浣布」と名付けました。

この名前は、中国の古い伝説にある、火山に住んでいる〝火ねずみ〟の毛を編んでつくられた、火でも燃えない布に由来します。

いまでは平賀源内がつくったものというと、だれもがエレキテルをあげますが、江戸時代では、エレキテルと同じか、それ以上にニュースになったのが、この火浣布で

ビックリ!?memo

1764年（明和《めいわ》元年）、平賀源内は石綿を加工して火浣布をつくりあげ、幕府に献《けん》上《じょう》した。源内がつくった火浣布は、現在、京都大学附属図書館に所蔵されている。

した。

昭和のころ、石綿金網《いしわたかなあみ》は理科実験の必需品《ひつじゅひん》でしたが、アスベストが人体に害をあたえることから、いまでは使われていません。

だんごが「だんご4兄弟」になったのも、平賀源内が関係していた？

平賀源内の〝食べ物の話〟というと、これまた最初にあげたように、土用の丑の日にうなぎを食べる風習をはやらせた話が有名です。

その一方で、鉱山技術者・源内が、意外な食べ物の歴史に関係しています。

源内は、鉱山で掘った鉱石から金属をとりだす研究をしていました。

そして、その技術を使って「四文銭《しもんせん》」というあたらしい硬貨がつくられました。

いまでいうと100円くらいの価値になる四文銭は、デザインがよく、値段的にも便利だったので、あっというまにひろまり、さらには「四文屋」という、まさに現代でいう〝100円ショップ〟のような店まではやりだしました。

――ところが、いいことばかりではありません。

この四文銭が、ある食べ物の歴史を変えてしまったのです！

それが、「だんごの歴史」。

いま、だんごといえば、1串に4個とか3個が一般的ですが、当時、四文銭が登場するまでは、

「だんごの数は、1串5個が当たり前」

「値段はわかりやすく、だんご1個あたり一文で、計五文ナリ！」

というのが一般的でした。

ところが、四文銭の登場を機に、「串にさすだんごは4個」になってしまいました。

なぜかというと、四文銭を使った〝代金ごまかし〟が起こるようになったから！

それまで、だんごの代金は一文銭5枚で払うのがふつうでしたが、一文銭＋四文銭で代金を払うようになると、サイズが大きな四文銭の下に、小さな一文銭が重なっている……ようにみせかけて、実は四文銭1枚しか払っていない！　という、だんごの代金をごまかす不届き者がでてきたのです。

——そして、結果的にこうなりました。

「串にさすだんごの数を4個にして、値段は四文銭ワンコインの四文にしよう！」

だんごが1串5個から、「だんご4兄弟」になった背景には、平賀源内が関係していたのでした。

ヒーロー剣士《けんし》の『峰《みね》打《う》ち』、本当にやったらどうなるか？

力学

石川五ェ門《いしかわごえもん》、るろうに剣心《けんしん》、暴《あば》れん坊将軍《ぼうしょうぐん》——「峰打ち」で無用《むよう》な殺生《せっしょう》はしないのが〝ヒーロー剣士〟の条件だ！

江戸幕府の8代将軍といえば、徳川吉宗《とくがわよしむね》。

そんな吉宗を主人公にした人気テレビドラマに「暴れん坊将軍」がありますが、〝暴れん坊将軍〟とはいっても、もちろんそれはドラマのなかだけの話。

実際の吉宗は暴れん坊ではありませんでしたし、ドラマのなかの吉宗も、よほどの場合でなければ、悪人相手でも「峰打ち」しか使わず、けっして斬り殺したりしませんでした。

峰打ちを使い、無用な殺生をしないというのは、悪を成敗《せいばい》するヒーロー剣士の条件です。

たとえば、『るろうに剣心』の緋村剣心《ひむらけんしん》、『ルパン三世《さんせい》』の石川五ェ門、どんなヒーロー剣士も、人を相手にするときは「峰打ち」を使います。

そして、ありがちな、こんなセリフをつぶやくのです。

「拙者《せっしゃ》、無用な殺生はせぬ」

——しかしこのセリフ、本当なのでしょうか。

日本刀で峰打ちをするとどうなるのか？　調べてみることにしましょう。

日本刀で「峰打ち」をすると、刀は折れてしまう？

「峰打ち」というのは、日本刀の刃《は》ではない側、つまり「峰」の部分で相手を打ちたおすことです。

しかし、どんなヒーロー剣士ですら、峰で相手を打ちたおそうとしても、相手の刃とぶつかってしまえば、峰の部分から刀は折れてしまうのです。

日本刀は、「刃」の部分はかたく、「峰」の部分はやわらかい材質でつくられています。

ビックリ!? memo

1728年（享保《きょうほう》13年）、徳川吉宗はベトナムから象を輸入した。オスとメス、2頭の象は、長崎から江戸までを歩いて移動した。

日本刀は構造的に、「反《そ》り」の向き、つまり、刃側からの力には強いけれど、峰側からの力には弱いのです。

刃側で相手に斬りかかれば「折れにくく強い」けれど、峰側から相手の刀にぶつかると、「刀は弱くて折れやすい」ということになります。

自分の刀が折れてしまうのでは、たとえヒーロー剣士でも、強い悪人相手に、峰打ちは怖くて使えなかったはずなのです。

日本刀はメチャクチャ重い金属の凶器《きょうき》！
いくら「峰打ち」でも、相手は重傷まちがいなし！

それでは、ヒーロー剣士の相手が、弱～い悪人だったとしたらどうでしょう。

相手が弱ければ、ヒーロー剣士が「峰打ち」で打ちたおすことはかんたんでしょう。

もちろん、峰打ちするのは、刀が折れないように、相手の生身《なまみ》に近い場所。

――けれど、考えてもみてください。

峰打ちとはいえ、日本刀は、重さ1キログラムにもなる鉄の凶器です。

プロ野球選手が硬式《こうしき》ボールを100メートル以上飛ばす木製バットでも、重さは

弱
強

900グラムほど。

それよりさらに重い日本刀、〝鉄の凶器〟で相手を打ちたおすと、なにが起こるでしょうか？

答えはかんたん。

――ヒーロー剣士が峰打ちすると、ほぼまちがいなく殺人事件をひきおこします……無用な殺生をさけるのが、峰打ちの目的なのに。

というわけで、峰打ちは科学的にも、歴史的にもありえない！　が答えです。

動物学

犬公方《いぬくぼう》と呼ばれた徳川綱吉《とくがわつなよし》「生類憐《しょうるいあわれ》みの令《れい》」で〝カラスを島流《しまなが》ししたら戻ってきた伝説〟を科学する！

命を大事にしよう！　という「生類憐みの令」が〝天下の悪法〟になったわけ

江戸幕府、5代将軍・徳川綱吉のあだ名は〝犬公方〟。

戌年《いぬどし》生まれの綱吉が、1685年（貞享《じょうきょう》2年）「生類憐みの令」をつくり、犬をやたらと大切にしたという話から、庶民《しょみん》の間の陰口《かげぐち》として、そう呼ばれていたのです。

もともと「生類憐みの令」は、どんな命も大切ですよ、というとてもやさし～い法律。

それが、大切にしなくちゃいけない命が、犬や猫から、ありとあらゆる動物にまで拡大され過剰《かじょう》になっていき、鳥を殺して切腹《せっぷく》させられたなんていう、極端な話が生まれるほどになったのです。

人にかぎらず、命はとても大切だけど、生類憐みで人命をうばうっておかしいよね？　ということで、綱吉が死んでつぎの将軍になった徳川家宣《とくがわいえのぶ》は、なにより先に「生類憐みの令」を廃止したといいます。

鳥を退治するわけにいかないから、江戸からはなれた島まで持っていって放した？

この「生類憐みの令」について、おもしろい話があります。

江戸の町で、人に迷惑をかけていたカラスやトンビを捕まえたけれど、「生類憐みの令」があるから殺すわけにもいかない……さてどうしよう？

そこで――捕まえた鳥を、江戸から遠い伊豆《いず》のはなれ島までつれていったというのです。

江戸時代、罪をおかした人を伊豆の島に「島流し」にしたのと同じように、人に悪さをした鳥も「島流し」にしていた！　というまさかのエピソードです。

ところが、カラスやトンビを島で放したとたん、鳥たちは、あっというまに江戸にむかって飛んでいってしまった……脱獄《だつごく》、ですね。

ビックリ!?memo

「生類憐みの令」発布後《はっぷご》、現在の東京・中野に“御囲《おかこい》（犬小屋）”がつくられた。約30万坪に最大30万頭の犬が養育され、年間の維持費をいまの貨幣価値《かへいかち》に換算《かんさん》すると、120億円を超えるという。

せっかく、伊豆のはなれ島までつれていったのに、結局、水の泡《あわ》になってしまったなんて……。

カラスは海を渡って江戸には戻れない！

けれど、この有名な話、動物の生態を考えてみると、本当のことかどうかあやしい気がします。

なぜかというと、カラスはせまい範囲しか飛びまわらない鳥で、海を渡って遠くまで飛ぶことはできないからです。

カラスが連続して飛ぶことができる距離は、せいぜい数キロメートル。

江戸から近い伊豆大島《いずおおしま》でも、江戸からだと約110キロメートル！　一番近い伊豆半島からでも30キロメートルほどもはなれています。

つまり、海の上を数十キロも飛び、伊豆のはなれ島から江戸に戻ることなど、もう絶対にムリな話なのです！

トンビなら、脱獄できたかも！

では、島流しにされたのがカラスではない鳥……たとえばトンビだったとしたら、どうでしょう。伊豆のはなれ島から江戸まで、空を飛んで帰ることはできるのでしょうか？

トンビは、カラスとちがって、かなり長い距離を飛ぶことができます。

なにしろ、外国にいるトンビのなかには、季節ごとに「渡り鳥」として数百キロメートル以上移動する種類がいるくらいです。

日本にいるトンビは、そういった「渡り」はしませんが、それでもカラスよりはずっと遠くまで飛べるのです。

長距離を飛べるヒミツは、「風に乗るのがうまい」ことにあります。トンビは、空高くのぼる「上昇気流《じょうしょうきりゅう》」に乗り、力を使わずに遠くまで飛ぶことができるのです。

「生類憐みの令」の〝鳥を島流ししたら、すぐ江戸に戻ってきた〟という話、戻ってきた鳥は、絶対にカラスではありません。

もしも、島流しから華麗《かれい》な脱獄ができた鳥がいたならば、それはきっとトンビだったのでしょう。

測地学

テレビのなかでは旅をしまくりの黄門様《こうもんさま》ご一行《いっこう》、本当は旅をぜんぜんしていなかった？

放映1200回超えの大人気「水戸黄門《みとこうもん》」――実は「先《さき》の副将軍《ふくしょうぐん》」じゃなかった？

日本全国を旅してまわり、悪を退治しつづける〝ご一行〟といえば、水戸黄門。黄門様がお供《とも》をひきつれ全国津々浦々《ぜんこくつつうらうら》をめぐり、悪いヤツらを成敗《せいばい》して世直しするという人気作です。

1969年（昭和44年）からつづくテレビドラマのシリーズは、すでに放映1200回を超えています。

しかも、映画版の水戸黄門もあって、こちらはなんと、初公開が1910年（明治43年）！

黄門様ご一行は、100年以上にわたり、〝悪を倒す日本全国ツアー〟をしているのです。

——ところが、現実の水戸黄門は、そんなイメージとは大きくかけはなれています。

黄門様の本当の名前は、水戸藩の2代藩主・徳川光圀《とくがわみつくに》。

テレビでは毎回、「先の副将軍・徳川光圀」と名乗りますが、江戸幕府に将軍はいても、副将軍なんて役職の人はいません。

水戸藩の藩主は参勤交代《さんきんこうたい》をせず、いつも江戸にいたことから、「天下の副将軍」というあだ名で、町の人が呼ぶようになったのです。

なので、ドラマのように「先の副将軍」とは名乗るわけがないのです。

徳川光圀は、そもそも、日本全国を旅してなんていない！

そして、イメージとちがうもうひとつの史実が、「水戸黄門は、ほとんど旅をしていない」ということ。

光圀が行ったことがあるのは、江戸と日光と鎌倉くらい。つまり、〝小学校の遠足くらいの旅〟しかしたことがありません……。

隠居後《いんきょご》に旅した距離をすべて合わせても、たったの1200キロメートルほどです。

これを、テレビドラマの放映回数（1200回）で割ってみると、「放映1回あたり1キロメートル」くらいしか進んでいません!

1キロメートルなんて、ゆっくり歩いても15分で着いてしまう距離です。

ということは——黄門様ご一行は、悪代官《あくだいかん》を倒して印籠《いんろう》をみせると、15

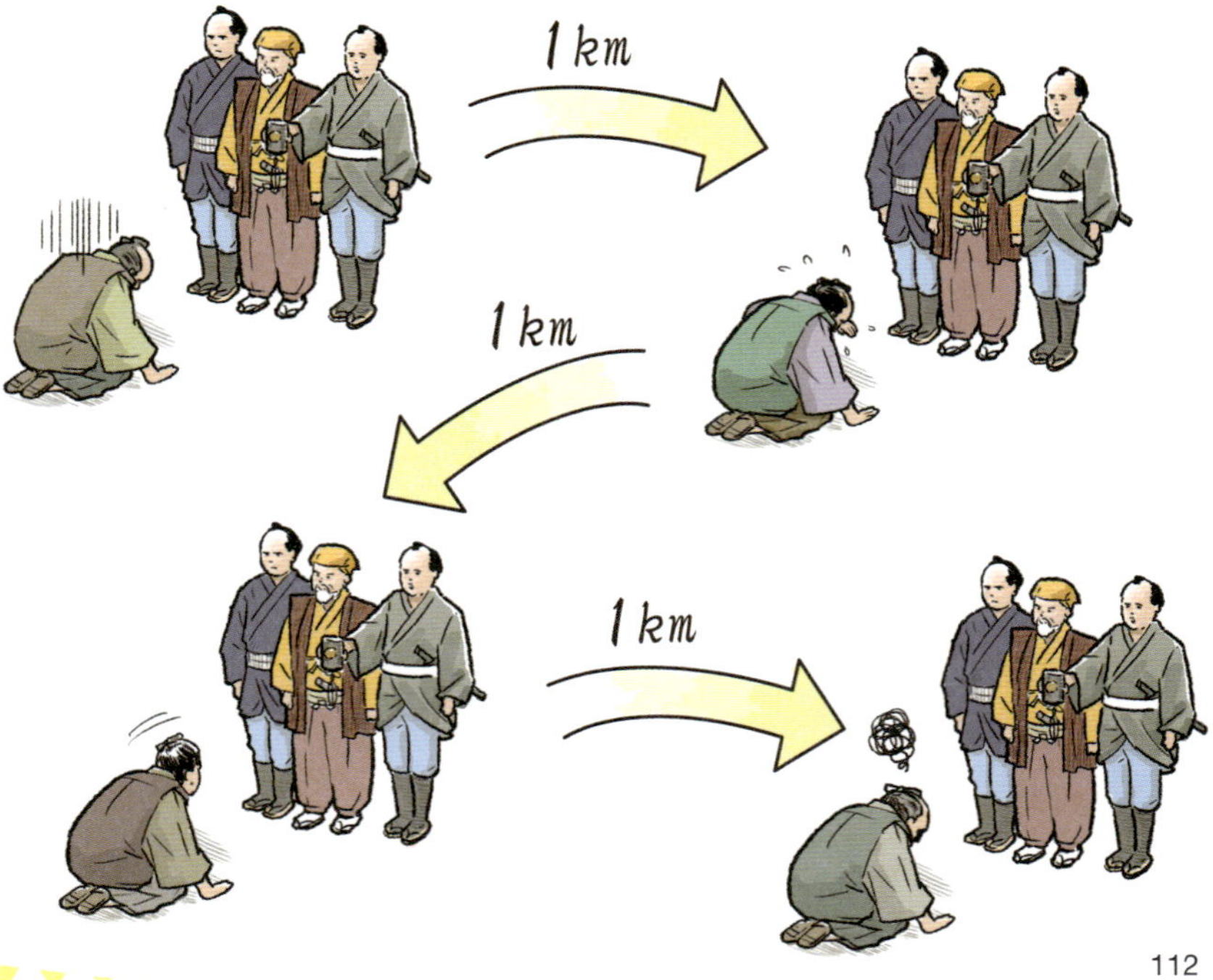

分歩いてつぎの宿に着く。そして「すごい近所」でまたつぎの悪代官をみつけ、「先の副将軍」とウソをついたうえで、印籠をみせて悪代官を倒すのです。

黄門様ご一行は「宿に泊まりすぎ」ですし、悪代官たちは「黄門様ご一行が来ていることに気づかなすぎ」かもしれません。

実在していた助《すけ》さん、格《かく》さん！「助さん」は、本当に日本全国を旅していた！

徳川光圀は、江戸と日光・鎌倉くらいしか行ったことがありませんでしたが、黄門様ご一行のなかにひとりだけ、本当に日本全国を旅したメンバーがいます。

それは、本名・佐々《さっさ》宗淳《むねきよ》（通称・介三郎《すけさぶろう》）、黄門様の横に立つ「助さん」のモデルになった人。

本物の助さんは、徳川光圀の命令ではじめた歴史の本『大日本史《だいにほんし》』づくりのために、遠く関西・九州まで、数度にわたり旅をしました。

ちなみに「格さん」のモデルになったのは、安積澹泊《あさかたんぱく》（通称・覚兵衛《かくべえ》）という人。

本物の格さんも『大日本史』をつくる仕事をしてはいましたが、本物の助さんとは

ビックリ!?memo

1657年（明暦《めいれき》3年）、徳川光圀は『大日本史』の編纂に着手。1661年（寛文《かんぶん》元年）、34歳で水戸藩2代藩主となると、その作業を本格化させた。「水戸黄門」の「黄門」とは、中納言《ちゅうなごん》の唐風《からふう》の呼び方。

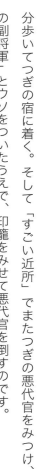

ちがい、日本を旅していたわけではありませんでした。

光圀が編纂《へんさん》をはじめた『大日本史』は、その後、約250年にわたってつくりつづけられます。完成したのは、なんと1906年（明治39年）のことでした。

実際には日本全国を旅してはいなかったけれど、黄門様や助さん格さんは、「日本の歴史の本」をつくったすごい人たちだったのです。

第4章 ざんねんな現実にビックリ!?

京都の金閣寺《きんかくじ》、名古屋城《なごやじょう》の金《きん》のシャチホコ、奈良の東大寺大仏《とうだいじだいぶつ》、一番高価なのは？

化学

足利義満《あしかがよしみつ》が建てた金閣寺、むかしの姿はわからないけど、いま使われている金は20キログラム！

室町時代、3代将軍だった足利義満が1397年（応永《おうえい》4年）に建てたのが金閣寺。金箔《きんぱく》がはられた3階建ての金閣（舎利殿《しゃりでん》）で有名です。

金閣寺は1950年（昭和25年）に放火で燃えてしまったので、いま立っているのは1955年(昭和30年)に再建されたもの。3階と2階部分に金箔がはられています。けれど、燃える前の写真をみると、金箔がはられていたのは、実は3階部分だけのよう。金閣寺にどこまで金箔がはられていたかは、詳しくはわかっていないのです。

ちなみに、いまの金閣寺には、髪の毛の太さの100分の1くらいの、とてもうすい金箔がはられていて、建物全体で約20キログラムの金が使われています。

金の値段は、いまなら、1キログラムが約500万円ほど。

ということは、金閣寺で使われている20キログラムの金の値段は、トータル約1億円ということになります。


徳川家康《とくがわいえやす》がつくらせた名古屋城、金のシャチホコは一対《いっつい》で合計220キログラム

「金」というと、名古屋城の金のシャチホコも有名です。

江戸時代のはじめ、1612年（慶長《けいちょう》17年）、徳川家康は、徳川尾張藩《とくがわおわりはん》（現在の愛知県西部と岐阜県、滋賀県の一部）のために名古屋城をつくらせます。

天守の両側にとりつけられた一対の金のシャチホコは、高さ約3メートルで、使われた金は、一対で約220キログラムでした。

江戸時代の金貨・慶長大判《けいちょうおおばん》1940枚が使われたこの金のシャチホコ、値段はいまなら約10億円になります！

——ところが、これは金のシャチホコがつくられた当時のお話。

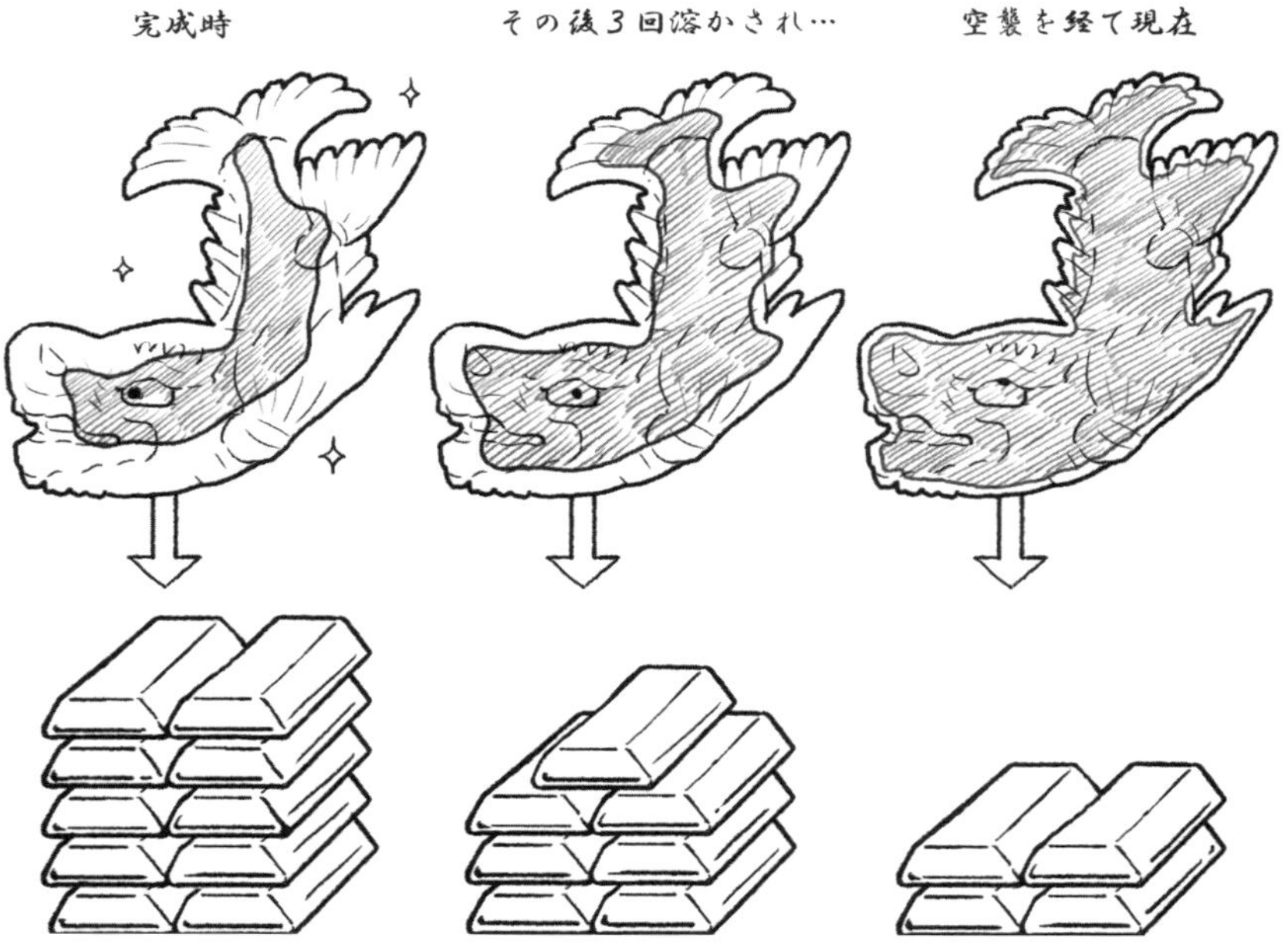

江戸時代、尾張藩は何度も「お金がたりない……」と困ります。

悩みつつ城をみあげると、そこにはノドから手がでるほどほしい金のかたまりが！

というわけで、金のシャチホコは、江戸時代の間に、なんと3回も溶《と》かされ、使う金を少なくしたうえでつくりなおされています。

もちろん、シャチホコからとった金は使われてしまいました。

さらに、太平洋戦争中の1945年（昭和20年）に空襲《くうしゅう》で燃えたりもして、いまではシャチホコの金は一

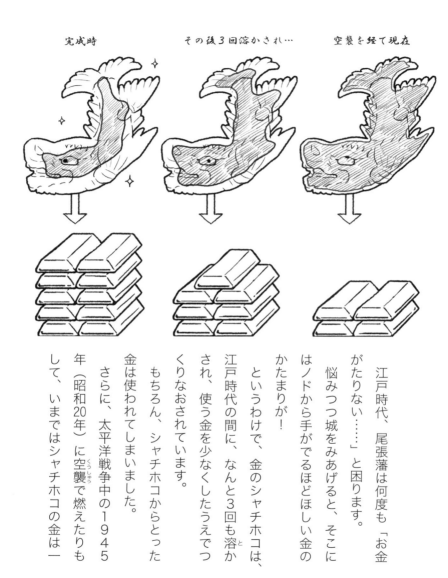

対で約88キログラムにまで減ってしまっているのです。

つくられた当時の10億円から減りはしましたが、いまでも4億4000万円の価値があるのです！

一番すごいのは聖武天皇《しょうむてんのう》がつくらせた東大寺の大仏、使われた金はなんと440キログラム！

最後に登場するのは、奈良東大寺の大仏。

奈良時代、聖武天皇が建てた東大寺の大仏（盧舎那仏像《るしゃなぶつぞう》）は、高さ14・9メートルで、青銅《せいどう》を約250トン使った巨大なものです。

この大仏の表面は金メッキがほどこされています。

金は、宮城県の金山や日本各地から集められ、使われた量、なんと440キログラム！

いまの金の値段なら、ビックリまちがいなしの22億円です！

というわけで、「金の値段」で競《きそ》うこのレース、〝金メダル〟をとったのは奈良時代から参加した東大寺の大仏、金の量440キログラム、金額にして22億円で、ダント

ビックリ!?memo

東大寺の盧舎那仏像は752年（天平勝宝《てんぴょうしょうほう》4年）に開眼供養《かいげんくよう》が行われた。その後、1180年（治承《じしょう》4年）に平重衡《たいらのしげひら》、1567年（永禄《えいろく》10年）に松永久秀《まつながひさひで》に焼き討ちされ、当時のままのこっているのは、ふとももの一部と台座の一部。

ツでした！

――ちなみに、金色に輝いていた奈良の大仏、奈良の平城京を守るどころか、実は平城京を襲《おそ》ったナゾの病の原因ではないか？　と近年いわれていました。

大仏をつくってしばらくして、平城京でナゾの病がはやります。

その原因が、大仏建立《だいぶつこんりゅう》に使われた銅や金メッキをするのに使われた水銀にあるのではないか、とうたがわれていたのです。

２０１３年（平成25年）、東京大学大気海洋研究所《とうきょうだいがくたいきかいようけんきゅうじょ》が、「銅や水銀の影響はひどくなかった」と調査結果を発表しましたが、ナゾの病の原因はいまだナゾのままで、あきらかにはなっていません。

江戸の将軍を暗《あん》殺《さつ》から守るための〝しかけ〟を調べてみよう！

構造力学

暗殺をおそれて毒味《どくみ》がされた〝冷えた料理〟ばかり食べていた江戸時代の将軍！

江戸幕府の歴代将軍は、ほとんどが猫舌《ねこじた》だったのではないか、といわれています。

将軍たちは、つくりたてのあたたかい料理を食べることはありませんでした。

なぜかというと、将軍の命をねらう者が食べ物に毒を入れていないか、毒味係がしっかりとたしかめていたから。しかも毒味係はひとりではなく、二重三重のチェックがされていたので、将軍が料理を口にするころには、すっかり冷めてしまっていたのです。

そんなわけで、熱いものを食べたことがない将軍は、みんな猫舌なのではないか、といわれているのです。

この毒味係のように、江戸時代には、将軍の命を守る防御策《ぼうぎょさく》がたくさんありました。

そこで、将軍を暗殺から守る二重三重の防御策を、調べてみることにしましょう。

籠《かご》に乗った将軍を、地面の下から突きさす作戦はどうだ!?

将軍が江戸城をでたときは、護衛《ごえい》も手うすになりますし、暗殺には絶好のタイミングのように思えます。

鷹狩《たかが》りが好きな将軍が多かったので、道中で待ちぶせするのはどうでしょうか。

たとえば、夜のうちに道に穴を掘り、穴のなかに暗殺者がひそみ、穴の上は土をかけて隠す。そして、その上を将軍を乗せた籠が通りすぎる瞬間《しゅんかん》に、下から刀や槍《やり》で突きさす!

——しかし、この作戦はかならず失敗します。

なぜかというと、下からさされないように、籠の床には鉄板が敷《し》かれていたから。

防弾ガラスでおおわれた車のように、将軍が乗る籠には、このような防御策がほどこされていたのです。

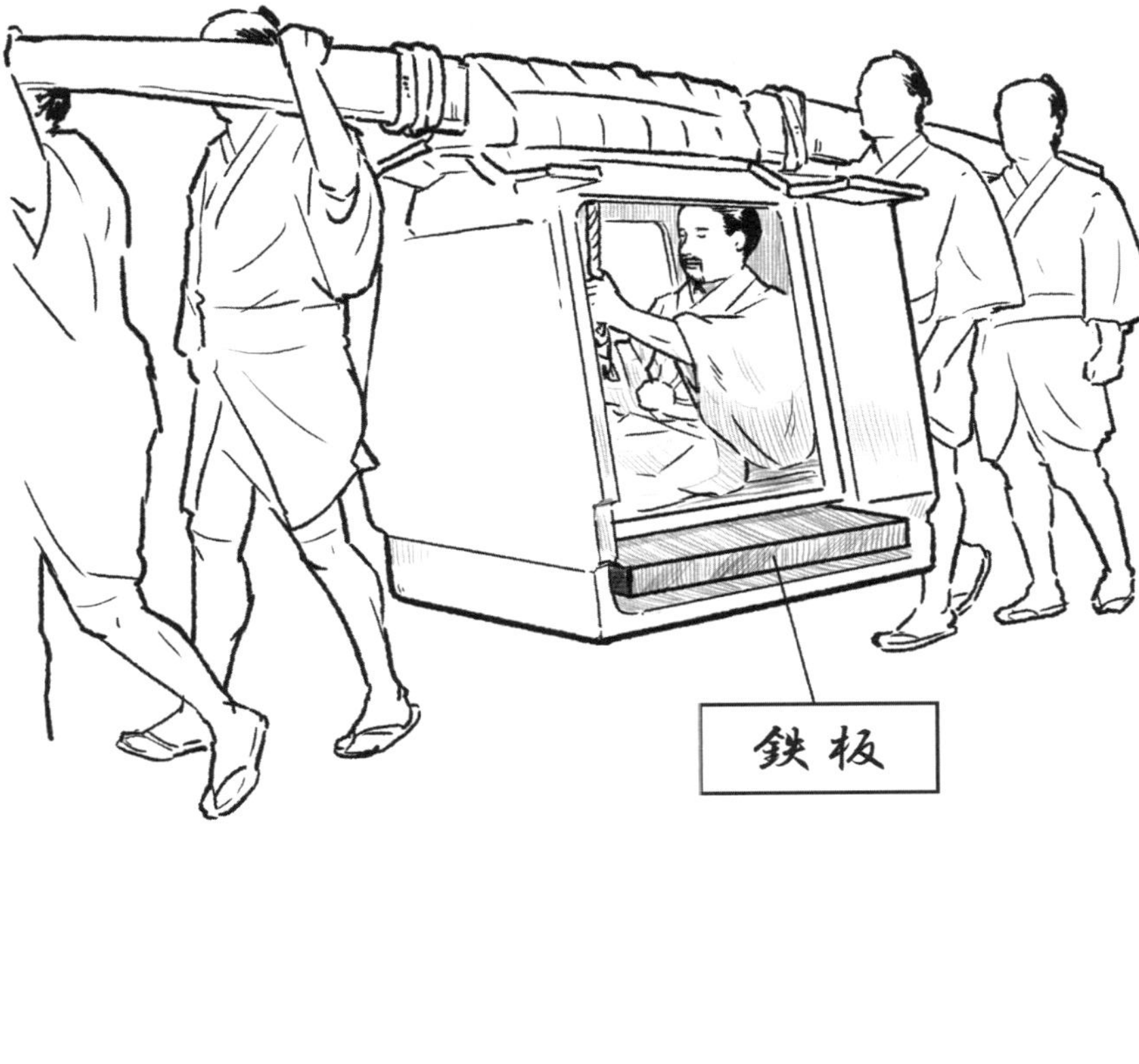
鉄板

そして、この床鉄板は、籠だけに使われたわけではありません。紀州徳川家《きしゅうとくがわけ》などは、主君を守るためにいつも鉄板を持ちあるき、主君が泊まる宿の床にも敷いていたというのです。

城をでて宿で外泊するようなときでさえも、ぬかりはなかったのです。

大奥《おおおく》でグッスリ睡眠中に、下から突きさすのはどうだ!?

それなら、江戸城でも男性が少ない大奥で、将軍を暗殺する作戦はどうでしょう。夜、大奥の寝室で眠っている将軍を、これまた下から槍でブッスリ突きさすのです。

――実は、それでも将軍の命は安全です。

なぜなら、将軍が大奥で使う敷布団《しきぶとん》は、異常に厚かったから。

まず、厚さが30センチメートル以上ある、わら布団を敷きます。これだけですでに厚いのに、さらに真綿《まわた》をつめた分厚い敷布団を、その上に重ねるのです。

ということは、トータルで50センチメートルを超える厚さ。これでは下から槍で突きさそうにも、刃先《はさき》がぜんぜん届かないわけです。

主治医に毒殺されたウワサがたった13代将軍・徳川家定《とくがわいえさだ》

これほど厳重な将軍防御策があれば、暗殺で命を落とした将軍などひとりもいなかったのではないか？　と思うかもしれません。

――しかし、「毒殺されたのかもしれない」とウワサになった将軍がいました。

1858年（安政《あんせい》5年）、13代将軍の徳川家定が急死したとき、主治医だった岡櫟《おかれき》仙院《せんいん》が、家定に毒を盛ったのではないか？　とうたがわれたのです。

家定が本当に毒殺されたのかどうかはわかりませんが、これだけの将軍防御策があれば、主治医が暗殺者にでもならなければ成功しなかったにちがいありません。

ビックリ!?memo

1853年（嘉永《かえい》6年）、徳川家定は江戸幕府第13代将軍についた。家定は料理好きで、つくった料理を家臣にふるまうという将軍らしくない将軍だった。家定は在位わずか5年にして死去した。

織田信長《おだのぶなが》が使いこなした〝鉄砲〟。でも、弓と勝負したら勝つのは〝弓〟!?

流体力学

〝鉄砲〟と〝弓〟、むきあって戦ったなら、勝つのはどっち?

戦国時代がもうすぐ終わろうとする1543年（天文《てんぶん》12年）の秋、明《みん》（現在の中国）の船が、九州南方の種子島《たねがしま》にたどりつきます。

種子島を治めていた種子島時尭《たねがしまときたか》が、船に乗っていたポルトガル人から鉄砲（火縄銃《ひなわじゅう》）を買い、鍛冶師《かじし》に鉄砲のつくり方を研究させました。これ以降、日本でも鉄砲をつくることができるようになったのです。鉄砲をつくる人たちは、鉄砲鍛冶《てっぽうかじ》と呼ばれました。

そして、鉄砲の威力《いりょく》におどろいた戦国時代の武将たちは、戦でつぎつぎと使いはじめ、鉄砲を使いこなした織田信長は、天下統一が目の前にみえてきたのです。

こうして、戦のやり方を変え、時代を変えた鉄砲、いったいどのくらい強いのでしょうか？

鉄砲登場以前、〝最強の飛び道具だった弓〟と、〝時代を変えた鉄砲〟――もしも一対一で撃《う》ちあったなら、勝つのはいったいどっち？ それを科学してみましょう！

飛距離は意外に互角《ごかく》。弓矢も鉄砲も数百メートルは飛ぶ？

まず、弓矢の矢を射って届く距離は、200〜400メートル。弓を使う人の筋肉の強さにもよりますが、意外なほど遠くまで飛びます。

400メートル先の的をねらい撃ちできる矢ですから、ねらったものが100メートル程度の距離にあれば、鎧《よろい》さえもかんたんに突きとおすほどの力があります。

では、鉄砲のほうはどうでしょうか？

鉄砲も、遠くまで弾を飛ばそうとすれば、やはり500メートル近く飛びます。

弓矢と同じく、100メートルくらいの距離なら、もちろん鎧も撃ちぬいてしまい

ビックリ!?memo

種子島時堯から、鉄砲の分解、複製を命じられた鍛冶師・八板金兵衛《やいたきんべえ》は、鍛冶仲間と複製品を完成させた。時堯はその技法をひろく伝授し、根来《ねごろ》(紀伊《きい》)・堺《さかい》（和泉《いずみ》）・国友《くにとも》（近江《おうみ》）で鉄砲が大量生産されるようになった。

ます。

　ということから、飛距離では、鉄砲と弓の勝負は互角といえそうです。


むかしの鉄砲が飛ばす銃弾は、無回転シュートのように曲がってしまう？


　飛距離で勝負がつかないなら、的にあたる命中率《めいちゅうりつ》でくらべてみましょう！

　実は、ねらう的までの距離がはなれてしまうと、鉄砲を使いなれた武士でも、命中させることはけっこうむずかしいのです。

　なぜかというと、当時の鉄砲は、いまの鉄砲とくらべて、弾がまっす

ぐに飛ばなかったから。

これは、サッカーの「無回転シュート」と同じ理屈です。

サッカーで、ボールを回転させずに蹴《け》ると、ボールのまわりに「空気の乱気流《らんきりゅう》」ができます。すると、ボールのまわりであばれる空気の流れによって、ボールが予測できない方向に曲がる無回転シュートになるのです。

キーパーはもちろん、ボールを蹴った本人でさえ、ボールがどんなふうに飛ぶかわかりません。

いまでは、鉄砲から発射される弾はまっすぐ飛ぶように、銃弾に回転がかかるような仕組みになっていますが、火縄銃のころは、発射される銃弾は無回転のままだったのです。

サッカーの無回転シュートと同じように、銃弾が飛ぶ向きは曲がってしまい、はなれた的には命中させづらかったのです。

つまり、弓と鉄砲の使い手が、はなれた場所に立ち、むきあって一対一で勝負したとしたら、

「勝つのはきっと、弓を持った武士」ということになりそうです。

鉄砲はフグと同じ、あたったら死んじゃうけれど、実はあまりあたらない?

ところで、フグは「テッポウ」とも呼ばれているのを知っていますか。フグは鉄砲と同じで、「あまりあたらないけど、あたれば死んでしまう」から。

安土桃山時代《あづちももやまじだい》、豊臣秀吉《とよとみひでよし》が、朝鮮出兵時《ちょうせんしゅっぺいじ》に中毒になるのを防ぐため、武士にフグを食べることを禁じ、以来、フグの食用は長い間禁止されていました。

フグを食べることが一般にひろまったのは、明治時代。伊藤博文《いとうひろぶみ》が山口県でフグを食べることを許したことがきっかけだったともいわれています。

測地学

伊能忠敬《いのうただたか》、松尾芭蕉《まつおばしょう》――歴史にのこる〝一番長い距離を歩いた人〟はだれ？

移動手段が〝徒歩《とほ》〟しかなかった江戸時代、〝一番長い距離を歩いた人〟はだれ？

行きたい場所が遠くても、いまなら車や電車、飛行機に乗れば、かんたんに行くことができます。

けれど、そんな時代になったのは、明治時代をすぎてからのこと。少なくとも江戸時代までは、移動の手段といえば「ひたすら歩く」のがふつうでした。

そこで、歴史にのこる、徒歩で長距離移動をした人、つまりは〝一番長い距離を歩いた人レース〟をしてみることにしましょう！

九州の端《はし》、鹿児島と江戸を参勤交代《さんきんこうたい》。薩摩藩《さつまはん》の人は、トータルで地球を4分の3周歩く！

長距離移動というと、まず思いうかぶのが、江戸時代の参勤交代。

徳川3代将軍家光《いえみつ》の時代から、各国の大名は、自分の領地に1年住んだら、つぎの1年は江戸で暮らさなければいけないというルールが定められます。これにより、自分の国と江戸の間を、1年おきに往復しなければいけなくなりました。

江戸時代、江戸からもっとも遠い領地だったのが、現在の鹿児島県と宮崎県の一部にまたがる薩摩藩でした。鹿児島城は、江戸日本橋から約1500キロメートルもはなれています。

参勤交代の往復時は、もちろんある程度は海上を船で移動したにしても、この距離を歩く薩摩藩の人たちは、もちろん〝日本史にのこる、長い距離を歩いた人〟の有力候補になります。

薩摩藩が2年ごとに、船に乗らずに江戸と鹿児島城を往復したと仮定するなら、その距離およそ、2年あたり3000キロメートルです。

それを、もしも20年間つづけたら、歩く距離は総計３万キロメートルで、日本からスタートすると、地球を約４分の３周まわるほどの距離になります！

長い距離を速く歩き、歩いた距離は1800キロメートルで、〝隠密説《おんみつせつ》〟もある松尾芭蕉。距離だけなら歴史にのこるほどじゃない！

ちなみに、『奥《おく》の細道《ほそみち》』で有名な俳人《はいじん》の松尾芭蕉は、歩いた距離は総計で１８００キロメートルくらいで、薩摩藩の参勤交代メンバーとくらべると、数分の１にすぎません。このくらいの距離を歩くのは、江戸時代に旅をした人であれば、ふつうです。

というわけで、歩いた「速さ」はともかく、歩いた「距離」だけでくらべるのなら、芭蕉は歴史にのこるほどではなかった、ということになります。

日本地図をつくった伊能忠敬。歩いた距離は、地球1周の4万キロメートル！

薩摩藩の参勤交代メンバーの約３万キロメートルを超える、とんでもなく長い距離を歩いたのが、伊能忠敬です。江戸時代の後期、17年かけて日本全国を測量《そくりょう》してまわり、精密《せいみつ》な日本地図をつくりあげた、あの人物です。

ビックリ!? memo

1689年（元禄《げんろく》２年）３月、松尾芭蕉は弟子・河合曽良《かわいそら》をともなって江戸をたち、東北〜北陸の旅にでた。約半年にわたる旅のなかで多くの俳諧《はいかい》をよみ、それが『奥の細道』として俳文紀行にまとめられた。

忠敬が日本地図をつくるために歩いた距離は、４万キロメートル！　地球の周囲が約４万キロメートルですから、地球を1周してしまうほどの距離を歩いたことになります。

忠敬が測量をはじめた理由は、「地球の大きさを知りたい！」というもの。江戸の町で〝地球の大きさをはかる実験〟をした忠敬に、その師匠《ししょう》だった高橋至時《たかはしよしとき》がこんなふうにいいます。

「江戸の町のなかだけで実験をしても、ちゃんとした答えがでませんよ。もっと大きな距離で実験をしないといけませんね」

この言葉をきっかけに、忠敬は日本全国を歩きはじめます。

まず現在の北海道を測量し、その後東北、北陸地方などを経て、西日本の測量にかかりました。海岸線を歩きに歩いた結果、ついには地球1周と同じほどの距離を歩いてしまったのです。

——というわけで、歴史にのこる〝一番長い距離を歩いた人〟は、伊能忠敬！

ちなみに、忠敬がつくった日本地図は、1828年（文政《ぶんせい》11年）の「シーボルト事《じ》

件《けん》」をひきおこします。これは、ドイツ人の医師・シーボルトが、帰国の際、幕《ばく》府《ふ》天文方《てんもんかた》の高橋景保《たかはしかげやす》から、持ちだし禁止の日本地図を手に入れたのがみつかった事件です。

この事件で責任を問われた景保は投獄《とうごく》され、獄中で死んでしまいます。景保は、忠敬の師匠・高橋至時の長男でした。

シーボルトは国外追放されましたが、その孫娘・楠本高子《くすもとたかこ》は美貌《びぼう》の持ち主として知られ、『銀河鉄道《ぎんがてつどう》９９９』のメーテル、『宇宙戦艦《うちゅうせんかん》ヤマト』のスターシャのモデルとなったというのは、現代のマメ知識なので覚えておきましょう！

重さ20キログラム？　平安時代の十二単《じゅうにひとえ》！
小野小町《おののこまち》は超人筋トレ状態だったのか？

生活科学

十二単だからといって、着物の数は12枚ではない？

十二単は、何枚もの着物を重ねて着る、平安時代の貴族女性の代表的な服装です。肌に近いほうから、白小袖《しろこそで》・紅袴《くれないのはかま》・単衣《ひとえ》・袿《うちき》を5枚重ねた五衣《いつつぎぬ》・打衣《うちぎぬ》・表着《うわぎ》・裳《も》・唐衣《からころも》……と、たくさんの種類がありました。

十二単というからには、「12枚」の着物を着ていたんだろうと思う人もいるでしょう。でも、そうではありません。

「12」という数字は、仏教では悩みの原因の数とされ、〝たくさん〟というような意味あいを持っているのです。実際に、十二単にはたくさんの色がありました。その組みあわせは、季節やイベントに応じて、マナーとしてきちんときめられていたのです。

十二単は重いけど、筋トレ効果はなし!?

非常に美しい十二単ですが、たくさん重ね着すれば、とうぜん重くなります。フル装備すると、その重さは20キログラム！　6歳児の体重と同じくらいです。

こんなに重い着物を毎日着ていたら、いつのまにか筋肉モリモリ&ムキムキな体になってしまいそうですよね。

十二単を着た女性といえば……美人として名高い小野小町が思いうかびますが、もしや小町、その美しさからは想像もできない、超マッチョなボディをしていたのでしょうか？

マンガ『ドラゴンボール』では、主人公・孫悟空《そんごくう》が強い体を手に入れるために、100キログラム近い服を着て修業するさまが描かれていました。そして、悟空の師《し》匠《しょう》・亀仙人《かめせんにん》も、体をきたえるため、いつも重さ20キログラムもの甲羅《こうら》を背負っていました。

ビックリ!? memo

小野小町は平安時代前期の女流歌人で、六歌仙《ろっかせん》、三十六歌仙《さんじゅうろっかせん》のひとり。百人一《ひゃくにんいっ》首《しゅ》に収められている「花の色は うつりにけりな いたづらに 我身よにふる ながめせしまに」が有名。

　ということは、つぎのように考えることができるのではないでしょうか。

「小野小町は、『ドラゴンボール』の亀仙人と同じような訓練をしていた！」

　はたして、重さ20キログラムの十二単は、悟空もおどろく超人的な力を手に入れるための筋トレに役立ったのでしょうか？

　小野小町が、超人的な筋肉を手に入れたかというと——実はその反対です。

　そもそも平安時代の貴族女性たち

は、あまり体を動かさない生活をしていました。そこへ、さらに重い十二単なんて着たら、運動などほとんどできません。

超人的な筋肉を手に入れるどころか、現代の女性より、むしろ不健康な体だったにちがいありません。

それに、十二単は正式な儀式などで着用する着物、いわゆる〝正装《せいそう》〟でしたから、ふだんはもっと軽い着物を着ていたのです。

百人一首の絵札に描かれた「十二単」を着た小野小町や持統天皇《じとうてんのう》……本当は十二単を着ていない！

けれどこの十二単、平安時代の都だった京都では、役に立つこともありました。

むかしから、京都の冬はとても寒く、当時の建物では寒さを防ぐことができませんでした。なので、たくさん重ね着する十二単は防寒具《ぼうかんぐ》にもなったのです！

寒い冬とは逆に、京都の夏はとても暑いもの。

平安時代の貴族女性たちは、うすい着物の重ね着に変えたり、（十二単の枚数はきまっていたわけではないので）着る枚数を減らしたりして、暑さをしのいでいました。

つまり、十二単が重いのは、本当のところは、寒い冬だけだったのです。

ところで、小倉百人一首《おぐらひゃくにんいっしゅ》の絵札には、十二単姿の小野小町や持統天皇が描かれていますが、十二単ができたのは10世紀くらいで、彼女たちが生きていた7～9世紀ごろには、まだありませんでした。

美人として歴史に名をのこす小野小町は、実際には十二単を着ていなかったのです。

加《か》藤《とう》清《きよ》正《まさ》、〝高身長で槍《やり》の達人〟の伝説は本当か？

人類生物学

低身長で有名な天下人《てんかびと》・豊臣秀吉《とよとみひでよし》は身長150センチメートルくらい！

戦国の世を手に入れた天下人といえば、豊臣秀吉。

その秀吉の身長が低かったのはよく知られた話で、顔立ちや背の低さゆえ、織田信《おだのぶ》長《なが》から〝ハゲネズミ〟という、とんでもないあだ名をつけられてしまったほどです……。

秀吉が使っていた鎧《よろい》から計算すると、秀吉の身長は、およそ150センチメートル。

戦国時代の成人男性の平均身長は約157センチメートルですから、秀吉の身長はそれよりひとまわり低いことになります。となると、チビで小さいネズミにたとえられてしまうのも、なんだかうなずけます。

戦国武将の加藤清正、兜《かぶと》のてっぺんまでの高さが2・5メートル超え!?

低身長で有名な豊臣秀吉とは逆に、高身長なイメージがあるのが、戦国武将の加藤清正かもしれません。

なにしろ伝説によれば、その身長は六尺三寸《ろくしゃくさんずん》（約190センチメートル）とか。190センチメートルともなると、現代日本人の成人男性の平均身長・約167センチメートルもはるかに超える高身長ということになります。

さらには、「加藤清正の手形《てがた》」というものにおされた清正の右手の大きさは、中指の先から手首のつけ根までが、26センチメートルもの長さ！

この手の大きさを使い、現代の平均的な日本人男性のプロポーションの計算式、「身長＝手の長さの8・9倍」にあてはめて計算してみると、清正の身長はなんと約230センチメートルになります！

ビックリ!?memo

加藤清正といえば、朝鮮出兵時《ちょうせんしゅっぺいじ》の「虎退治《とらたいじ》」伝説が有名。自陣近くに虎が出没《しゅつぼつ》し、家来や馬に被害が及ぶのをみて、虎を槍で突きさしたという。この伝説については諸説あり、実話かどうかあやしいが、豊臣秀吉に虎の皮を贈ったのはたしからしい。

清正は、「長烏帽子形兜《ながえぼしなりかぶと》」と名付けられた、頭のうしろ上方に長く伸びた兜をかぶっていたことで有名ですが、身長が200センチメートル近いなら、長烏帽子形兜をかぶった清正はもう、超巨人としかいいようがありません。

実は平均身長より低い!? 加藤清正の本当の身長は160センチメートル以下だった！

しかし、加藤清正の高身長イメージ、はたして本当なのでしょうか？

なにしろ、芸能人や有名タレントでも、背を高くみせるためにシークレットブーツ（外見からはわからないように、かかとが高くなっている靴）を履《は》くって聞きますよね。

清正の高身長伝説も、よく調べていくと、実はあやしいところがあるのです。

先ほどの、長さ26センチメートルの「加藤清正の手形」は、なんと江戸時代につくられたもので、清正本人がおした手形ではありません。

それどころか、清正が身につけていた鎧のサイズをはかってみると、これがかなり小さいのです。鎧などから清正の身長を推定すると、150〜160センチメートルくらい。

ということは……清正は超巨人どころか、平均身長くらいかそれより低かったことになります！

ひょっとすると、清正が愛用した長烏帽子形兜は、背が低かった清正にとって背を高くみせるための〝シークレット兜〟だったのかもしれません。

槍の達人・加藤清正、超反則ワザの、まさかの戦い方伝説！

槍の達人として知られる加藤清正ですが、記録には「超反則ワザ的な戦い方」の記録がのこされています。

弓の名手との一騎打《いっきう》ちで、相手が弓を射ようとした瞬間、

「一騎打ちといえば、槍や弓は使わず、正々堂々と刀で勝負するのが武士のルール！」

と、清正はいい、槍を下におきます。

それをみた相手が、同じように弓を捨てた瞬間《しゅんかん》、清正はすかさず槍を拾い、相手を突きさしたのです！

敵も真っ青の、卑怯《ひきょう》きわまりない反則ワザです……。

――高身長で槍の達人な武将というイメージ、本当の加藤清正はかなりちがっていたのかもしれません。

「大坂《おおさか》冬《ふゆ》の陣《じん》」で淀君《よどぎみ》を恐怖させた大砲の一撃——あたる確率《かくりつ》はどのくらい？

力学

豊臣家《とよとみけ》が滅《ほろ》びるキッカケの「大坂冬の陣」——大砲がすべてを終わらせたって本当？

１５９０年（天正《てんしょう》18年）に天下統一をはたしたのが豊臣秀吉《とよとみひでよし》。その後、２回の朝鮮《ちょうせん》出兵《しゅっぺい》を経て、息子・秀頼《ひでより》を五大老《ごたいろう》に託《たく》すと、１５９８年（慶長《けいちょう》３年）にこの世を去ります。

秀吉がいなくなったとたん、秀吉に従っていた大名たちは仲間割れ……。

そんななか、天下を手に入れたのが、徳川家康《とくがわいえやす》です。

家康は、１６０３年（慶長８年）に征夷大将軍《せいいたいしょうぐん》になり、江戸幕府を開きましたが、〝目の上のタンコブ〟として、豊臣家の存在がありました。

「豊臣家に天下をとりかえされるのは絶対にイヤ」というわけで、家康は軍を率《ひき》いて、豊臣家と戦いはじめます。

そして1614年（慶長19年）の「大坂冬の陣」と翌年の「大坂夏の陣《おおさかなつのじん》」で、豊臣家を滅ぼしたのです。

この「大坂冬の陣」、実は大砲が戦の勝敗のカギをにぎっていました。

なぜなら、豊臣家が戦いをつづける気力を失ってしまった理由が、大砲にあったからです。

数撃《かずう》ちゃあたる？　勝負をきめたのは淀君を恐怖させた大砲の一撃！

大坂冬の陣を終わらせたのは、「たった1発の大砲の弾」でした。

徳川方は、数百台の大砲をいっせいに撃ちつづけます。

ねらうは大坂城、なかでも、豊臣家で一番の権力を持つ淀君がいるはずの場所。

すると、大砲の弾が、淀君のすぐそばに1発落ちたのです！

その衝撃《しょうげき》で、淀君の近くにいた人が何人もつぶされ、死んでしまいました……。

ビックリ!?memo

「大坂冬の陣」で大坂城にむかって放たれた大砲は、城の本丸に近い淀川《よどがわ》の中洲《なかす》にすえられていた。徳川家康は昼夜を問わず大砲を撃ちこんだ。

それをみた淀君は、もう怖くてたまらなくなり、不利な条件を受けいれて、徳川方と和解することになったのです。

――けれど、大坂城に降りそそいだ大砲の弾、実はあまりあたっていません！

徳川方は何種類もの大砲を持っていたので、淀君に届いた弾を撃った大砲がどんなものだったか特定できていませんが、数百台の大砲を何発も撃ちながら、ねらったところにあたったのは、たった1発……。

あたる確率を計算すると、数千発に1発くらいしかあたっていないようなのです。

遠くまで届く大砲だと遠くへ飛んじゃうし、近くまでしか飛ばない大砲だとあてにくい！

確率からもわかるように、徳川方が、淀君のそばに大砲の弾をあてるのは、実は意外にむずかしいことでした。

なぜかというと、遠くまで届く大砲を使うと、大坂城の石垣や淀君のいる場所を通りこして、もっと遠くへ飛んでいってしまうから。

バスケットボールの「フリースロー」でたとえると、ボールを速く放ったからといっ

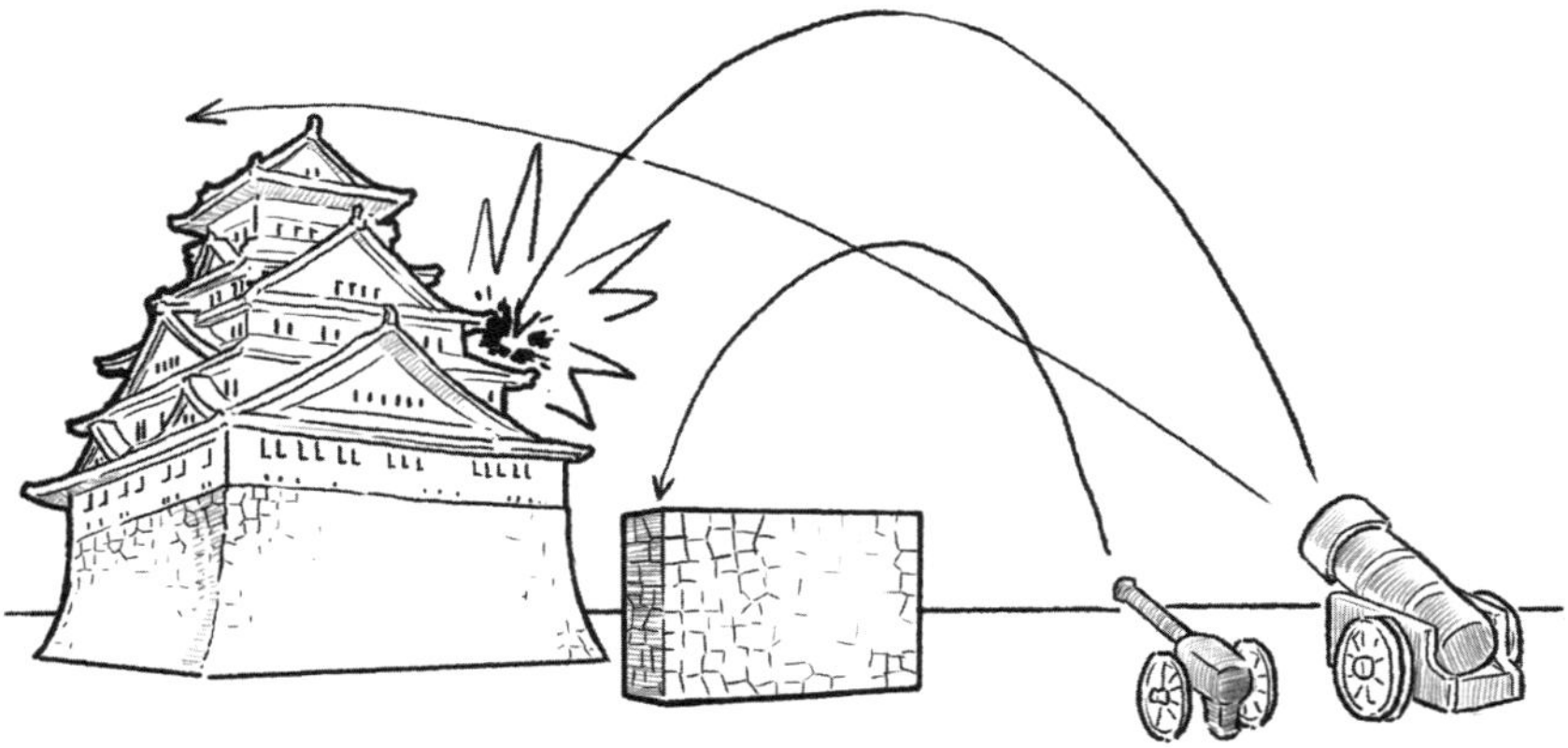

てゴールに入るわけではないのと同じです。

速すぎるシュートは、バスケットゴールより遠くへ行ってしまいますし、遅いシュートをまっすぐ打ってもゴールには届きません。

遅いシュートをバスケットゴールに入れるには、つまり「フリースロー」を成功させるには、ちょうどいい上向きの角度でボールを投げる必要があるのです。

淀君のそばに大砲の弾をあてる方法は、これとまったく同じ要領です。

少し力が弱い大砲を〝ほどよく上向きねらい〟で、淀君にむけてフリースロー！

——これでは、大砲の弾をあてるには、何発も撃たなければダメ、というのも納得できるはずです。

第5章 どんでん返しにビックリ!?

葵《あおい》の上《うえ》と、六条御息所《ろくじょうのみやすどころ》がバトルをした〝牛車《ぎっしゃ》〟の速さってどのくらい？

平安貴族の足〝牛車〟、その速さってどのくらい？

紫式部《むらさきしきぶ》が書いた、世界最古の長編物語『源氏物語《げんじものがたり》』。

そこには、光源氏《ひかるげんじ》の正妻《せいさい》・葵の上が乗った牛車と、光源氏を愛する側室《そくしつ》・六条御息所が乗った牛車がはちあわせしてしまい、お祭りの場所取りをめぐって、たがいの従者がケンカする様子が描かれています。

このことからもわかるように、牛車は、平安時代の貴族の代表的な乗り物でした。

牛車とは文字通り、牛にひかせた車のこと。平安貴族たちは牛車を飾りつけ、平安京のなかを移動していたのです。

けれど、いまの時代の人たちなら、きっとこう思うはず。

「牛じゃ、いくらなんでも遅すぎじゃない？」

「議会《ぎかい》で審議《しんぎ》をひきのばすために、わざとゆっくり歩いて時間をかせぐことを〝牛歩《ぎゅうほ》戦術《せんじゅつ》〟っていうくらいだし」

「平安貴族って、することがなくて、よっぽどヒマだったの？」

――さて、牛車の速さはいったいどのくらいだったのでしょうか。

そして平安貴族たちは、どのくらいの時間をかけて、移動していたのでしょうか。

〝牛車〟のスピードは歩くのと同じくらい。1時間で約3キロメートルくらい？

闘牛《とうぎゅう》で、赤い布をゆらす闘牛士をめがけて走る牛は、ものすごい速さで走りますが、平安時代の牛車は、もちろんそんな速さで走りません。

なにしろ、貴族が乗った牛車のまわりでは、牛をひく牛飼童《うしかいわらわ》や、おつきの人が、いっしょに歩くからです。

つまり実際のところ、牛車のスピードは、人が歩くのと同じくらいの速さなのです。

ビックリ!?memo

『源氏物語』は54帖《じょう》からなり、400字詰め原稿用紙に換算《かんさん》すると2000枚以上になる。現在流通している2000円札には『紫式部《むらさきしきぶ》日記《にっき》絵巻《えまき》』に描かれた紫式部の姿が配置されている。

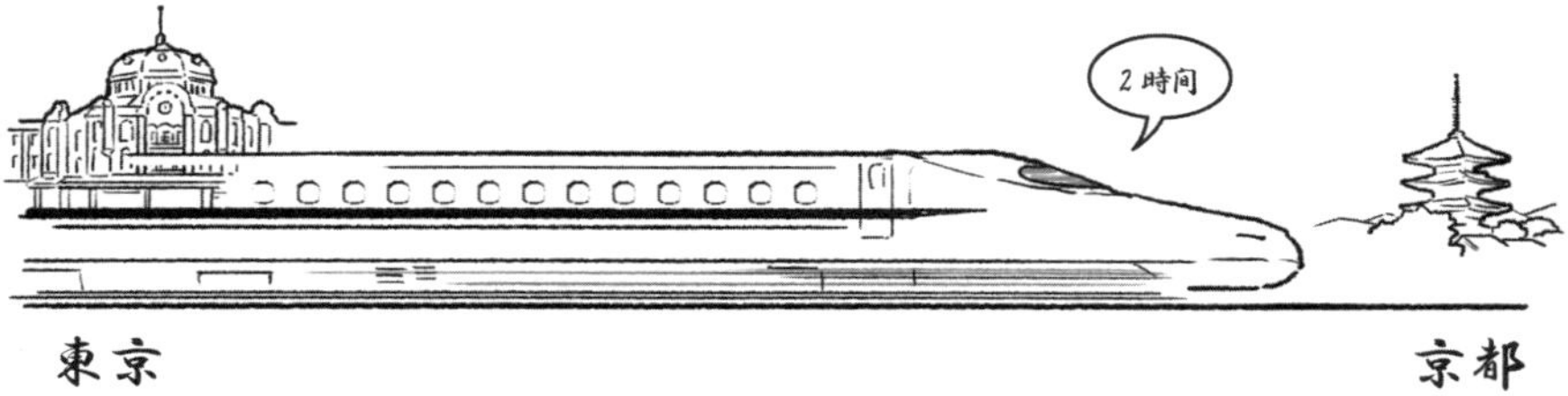

時速にすると、1時間で約3キロメートルくらい。

もしも、いまの東京駅から新宿駅までの約6キロメートルの道のりを、平安貴族が牛車に乗って移動したとしたら、2時間かかる計算です。

2時間といえば、現代の日本なら、東京駅から新幹線「のぞみ」に乗れば、新宿どころか京都駅近くまで行くことができます！

そう考えると、やっぱり、

「牛車って遅すぎだし、平安貴族って仕事してないヒマな人なんじゃないの？」

なんて思ってしまう人も多いはず。

平安京は、あまりひろくない町だった！


スピードが速いとはいえない牛車ですが、当時はそれでもよかったのです。

なぜかというと、平安時代の都、平安京はあまりひろくない町だったから。

都の北にある大内裏《だいだいり》が政治の中心で、南北と東西に走る道でつくられたのが平安京です。

そして、貴族が住んでいたのは、大内裏からわずか2キロメートルくらいの場所。

つまり、ゆっくり歩くのと同じくらいの速さでも、30分あれば仕事場の大内裏に着いてしまうのです！

それなら、牛車でのんびりと仕事に行くのもいいかも……と思えてきます。


平安貴族は超早起き。夏は朝4時半に仕事に行く！

ところが、平安貴族の生活は、牛車でのんびりと仕事にでかけるというイメージとは少しちがっていました。

彼らは、おどろくくらいの早朝から仕事をしていたのです。

なにしろ、仕事場の門が開くのは、日の出が早い夏は朝の4時半。日の出が遅い冬でも、7時前には門が開きます。

つまり、朝日がでてしばらくすると、もう働きはじめる時間！

これを聞いてしまうと、平安貴族がゆっくり動くヒマな人とは思えなくなってくるはずです。

――ところが、平安貴族たちの生活には、実はもうひとつ〝大どんでん返し〟がありました。

なんと、よほどの行事でもないかぎり、仕事が終わる時間は夏なら朝の9時、冬でも昼前の11時と、午前中には帰宅してしまうのです。

家に帰ったら、あとは夜まで好きなことをして遊ぶ……それが平安貴族のライフスタイルなのでした。

ああ、やっぱりうらやましい！

長さ6メートルの槍《やり》「蜻蛉切《とんぼぎり》」を使いこなす本多忠勝《ほんだただかつ》、それをはるかに超える織田信長《おだのぶなが》の長槍部隊《ながやりぶたい》！〝槍の長さ〟が戦国の乱世を制す？

軍事工学

長さ6メートルの槍「蜻蛉切」を使いこなした、伝説の武将・本多忠勝！

戦国の乱世を終わらせて、江戸幕府を開いたのが徳川家康《とくがわいえやす》です。

その家康に幼いころからつかえ、〝槍の使い手〟として有名なのが本多忠勝。死ぬまでに57回もの戦いに参加したにもかかわらず、傷をひとつも負ったことがない！という伝説を持つ、おそろしく強い武将でした。

そんな忠勝が愛用したのが、長槍「蜻蛉切」。蜻蛉切の名前は、槍の先に止まろうとしたトンボが、そのするどさで真っ二つに切れてしまったという逸話《いつわ》に由来します。

この蜻蛉切、切れ味もさることながら、その長さでも有名です。

当時の一般的な槍の長さは、3～4メートルくらい。

一方、蜻蛉切は刃先《はさき》だけで約50センチメートル、持ち手の部分が4～5メートルもあり、刃先から持ち手まで合わせると、4～6メートルにもなるのです。

もしも槍を地面に立てたなら、なんと2階の天井まで届くほど！

忠勝の長槍・蜻蛉切がいかに長いかわかります。

とはいえ、57戦無傷の忠勝でも、さすがに年をとって筋肉の力がおとろえてくると、

「使いこなせなければ意味がない！」

と、槍の長さを1メートルほど短くしたといいます。

それでようやく一般的な槍の長さになったわけなので、忠勝がとにかくすごい武将だったことがうかがえます。

6メートルの「蜻蛉切」より長い槍を使った、〝戦の天才〟織田信長の長槍部隊！

6メートル近い長さの槍を使いこなした本多忠勝ですが、これよりさらに長い槍を使うことは可能なのでしょうか？

ビックリ!? memo

本多忠勝は1610年（慶長《けいちょう》15年）に亡くなった。戦ですら57戦無傷だった忠勝が、死の数日前、小刀で彫り物をしていた際に手を負傷。「本多忠勝も終わりだな」とつぶやいたという。

恐怖!!

――答えは、イエスです。

戦国時代には、長さ約6～7メートルもの槍を使った〝長槍部隊〟が存在しました。「三間半槍《さんげんはんやり》」と呼ばれるこの部隊を率《ひき》いていたのは、戦の天才・織田信長です。一間《いっけん》は、約1・8メートル。信長は、槍を持つ足軽《あしがる》たちに、6メートルを超える長槍を持たせました。

それまで、ほかの戦国大名たちの長槍部隊は、5メートル台の槍を使っていましたが、信長がはるかに長い槍を持つ長槍部隊を登場させたのです。

戦国時代の戦の勝利をきめたのは、長い槍での〝叩《たた》きあい〟！

戦国時代の戦で、もっとも活躍したのは、意外なことに長槍を持った足軽部隊でした。長い槍を、みんなでタイミングを合わせてふりあげて、敵の頭に叩きつける。叩きつけたら、また槍をふりあげて、ふたたびみんなで叩きつける。

この要領で〝叩きあい〟をつづけ、相手が持久戦についてこられなくなったところを一気に攻めこむ！　これが戦国時代の戦いだったのです。

織田信長率いる「三間半槍」足軽部隊は、6メートルを超える長槍をふりあげては叩きつけていました。6メートル超といえば、ふりあげればビルの4階に届くほど！そんな高さから、重くてとがった槍の刃先が落ちてくるのです。

これをつづけられたら、敵の長槍部隊は耐えられるはずもありません。こうして信長の部隊は、戦国の乱世を勝ちぬいていったのです。

というわけで、戦国時代を変えたのは、本多忠勝の「蜻蛉切」ではなく、織田信長の「三間半槍」足軽部隊でした！

力学

宮本武蔵《みやもとむさし》×佐々木小次郎《ささきこじろう》、武田信玄《たけだしんげん》×上杉謙信《うえすぎけんしん》——〝伝説の勝負〟のナゾをとけ！

歴史に語りつがれる、〝伝説のタイマン（一対一）勝負！〟

古墳時代《こふんじだい》から明治時代にいたるまで、日本の歴史は戦いの連続でした。歴史にのこる戦いは、ほとんどが大人数同士の戦いで、一対一の勝負は〝かたき討《う》ち〟くらいしかありません。

そんななかにあって、少ないながらも、歴史に語りつがれる〝伝説のタイマン勝負〟があります。

そのひとつが、宮本武蔵×佐々木小次郎の巌流島《がんりゅうじま》の決闘《けっとう》です！

九州と中国地方をへだてる関門海峡《かんもんかいきょう》に、ポツリと浮かぶ巌流島。

そこへ、約束の時間をかなり遅れてやってきた武蔵。

小次郎は〝物干し竿《ものほざお》〟とも呼ばれた長い刀の鞘《さや》を抜き、放りなげ、叫ぶ。

「遅いぞ！　武蔵！」

しかし、武蔵もいいかえす。

「小次郎敗れたり！　生きて帰るなら、刀を戻す鞘を捨てるわけがない！」

そして、手に木刀《ぼくとう》を持った武蔵は、小次郎と静かにむきあう。

ふたりが動いたつぎの瞬間《しゅんかん》――武蔵が持つ木刀が小次郎の頭を打ちのめしていた！

これが有名な、宮本武蔵×佐々木小次郎の巌流島の決闘です。

けれど、この伝説の勝負、だれもが思うナゾがあります。

それは、武蔵が真剣《しんけん》でなく、なぜ木刀を使ったのかということ。

真剣を持った小次郎を相手に木刀で戦うなんて、武蔵には勝つ気があったのでしょうか？

宮本武蔵〝木刀〟VS佐々木小次郎〝真剣〟を科学する

けれど、科学的に考えてみると、そこにはちゃんと理由があるのです！

木でできた木刀でも、人を殺傷《さっしょう》するには十分すぎる威力《いりょく》があります。

それどころか、真剣と木刀が打ちあっても、実は折れやすいのは真剣のほう。

そして、なにより勝負をわける重要なポイントが、その重さ。

日本刀は1キログラムを超える重さですが、木刀ならその半分近い500グラムくらい。

重さにこれほどのちがいがあれば、刀をあやつるスピードにも、もちろん差がでてきます。

しかも、武蔵は二刀流《にとうりゅう》、両手にそれぞれ木刀を持っていたといわれています。

とすると、重い真剣をふりまわすより、軽い木刀を両手に持ったほうがあつかいやすい。

そうなれば、木刀の軽さは、まさに二刀流で勝つためのすばらしい必勝法になるわけです！

ちなみに武蔵は、遅刻どころか弟子をひきつれて先に来て、約束通りひとりで来た小次郎を集団で倒したともいわれています。

宮本武蔵、勝つ気がないどころか、勝つためならなんでもやる、おそろしいヤツだったのかもしれません……。

もうひとつの伝説の勝負！武田信玄×上杉謙信の一騎《いっき》打《う》ち！「川中島《かわなかじま》の戦《たたか》い」のナゾ

歴史に語りつがれるもうひとつのタイマン勝負が、武田信玄と上杉謙信の「川中島の戦い」です。

長野県を流れる千曲川《ちくまがわ》と犀川《さいがわ》。その三角州《さんかくす》で、武田軍と上杉軍が戦うなか、武田軍の本陣に上杉謙信が自らきりこんで、武田信玄に襲《おそ》いかかる。

謙信の刀が信玄をまさに斬ろうというその瞬間――信玄は手に持った軍配《ぐんばい》で受けた！

というお話です。

これも宮本武蔵の木刀と同じく、団扇《うちわ》みたいな軍配で、真剣を受けることができるの？　と首をかしげたくなるかもしれません。

ところが、団扇みたいにみえる軍配ですが、実は鉄でつくられた頑丈《がんじょう》なものでした。ふりおろされた刀を軍配で受けたら、逆に刀が折れてしまってもおかしくないものなのです。

巌流島の決闘と同じように、川中島の一騎打ちも、本当にあったかどうかわからない伝説ですが、少なくとも「刀を軍配で受ける」のは、なんの不思議もない納得できる話だったのでした。

ビックリ!? memo

上杉謙信といえば「敵に塩を送る」のエピソードが有名。そんな謙信、梅干をつまみにお酒を飲むのが好きだったという。1578年（天正《てんしょう》6年）に49歳で病死したが、病因のひとつに「塩分」のとりすぎが考えられている。

スポーツ工学

戦国時代の天下人《てんかびと》・信長《のぶなが》、秀吉《ひでよし》、家康《いえやす》がみせた〝行軍《こうぐん》スピード〟ベスト3！

豊臣秀吉の「中国大返《ちゅうごくおおがえ》し」は、1日で60キロメートルを走りぬく！

戦国時代、天下をとったのが織田信長、豊臣秀吉、徳川家康の3人。

それぞれタイプがまったくちがう3人ですが、実は、〝すさまじい行軍スピード〟を叩《たた》きだした！　という共通のエピソードを持っています。

まず1番目、豊臣秀吉がみせたすさまじい行軍スピードは、もちろん「中国大返し」。1582年（天正《てんしょう》10年）、「本能寺《ほんのうじ》の変《へん》」が起きて織田信長が殺されたと聞くやいなや、2万人もの秀吉勢はわずか数日の間に約200キロメートルもの距離をかけぬけて京都に戻り、あっというまに明智光秀《あけちみつひで》を打ちやぶりました。

「中国大返し」で秀吉がだしたトップスピードは、1日あたり60キロメートル！　つまり、フルマラソンの1・5回分を、わずか1日で走りぬいたことになります。

――しかし、これしきのスピードでおどろいてはいけません。織田信長と徳川家康は、さらにスゴいのです！

1日で110キロメートル走りぬいた織田信長。「金ケ崎《かねがさき》の退き口《のぐち》」の逃げ足の速さ！

2番目、織田信長がトップスピードをみせたのは、朝倉義景《あさくらよしかげ》との戦いです。

〝戦上手〟のイメージがありますが、信長の行軍スピード最高記録は、なんと逃げるときに打ちたてられたものでした。

1570年（元亀《げんき》元年）、越前《えちぜん》（現在の福井県）の朝倉氏を攻めようとした信長が、となりの近江《おうみ》（現在の滋賀県）の浅井長政《あざいながまさ》に裏切られます。朝倉氏と浅井氏にはさみうちされそうになった信長は、福井にある金ヶ崎城から京都まで、信じられないほどの速さで逃げだしたのです。

その速さ、わずか1日で110キロメートル！

これは、フルマラソンを1日の間に2回走り、さらに1回ハーフマラソンをやるほどのすさまじさです。

信長の「金ヶ崎の退き口」を知ってしまうと、秀吉の「中国大返し」の〝フルマラソン1回分とハーフマラソン1回分〟が、なんだか楽に思えてきますね……。

徳川家康「神君伊賀越え《しんくんいがご》」。山のなかを進んで、わずか3日で200キロメートル！

信長の逃げ足の速さに負けていないのが、〝勝つまで待とう〟の徳川家康です。

家康がトップスピードをみせたのは、「中国大返し」と同じ、本能寺の変のとき。といっても、光秀を倒す進軍時に記録を打ちたてた秀吉とはちがいます。

「本能寺の変」が起きたことを聞いた家康は、光秀の追っ手から逃れるため、そのとき滞在していた堺《さかい》（現在の大阪府堺市）から三河《みかわ》（現在の愛知県東部）まで、わずか数十人の味方とともに、一目散《いちもくさん》で逃げかえったのです。

その速さ、なんと3日で200キロメートル！

家康たちが通ったのは、敵にあわないようにとの理由から、道なんてろくにない奈良から三重の山奥でした。

トップスピードなら、信長の「金ヶ崎の退き口」には負けるかもしれませんが、山奥200キロをわずか3日で走りぬいた逃げ足の速さは、戦国時代のナンバー1《ワン》かもしれません。

「金ヶ崎の退き口」で、信長が逃げるのを最後尾《さいこうび》で守ったのが、秀吉軍と家康軍！

ちなみに、信長が逃げ足速度の記録をつくった「金ヶ崎の退き口」で、信長が逃げ

ビックリ!?memo

徳川家康は大の節約家だった。安価で手に入る麦めしを食べる、洗濯《せんたく》の回数を減らすために汚れの目立ちにくい黄色いふんどしを身につける、など、節約にまつわるエピソードが多くのこっている。

きるのを最後尾で守ったのが、秀吉軍と家康軍といわれています。

信長が「本能寺の変」で殺されたとき、このふたりが「中国大返し」「神君伊賀越え」という、戦国時代がほこる〝トップスピードの行軍〟をしたというのは、おもしろい歴史のぐうぜんですね。

大隈《おお・くま》重信《しげ・のぶ》が、カレンダーを西洋風に変えた意外な理由

暦科学 1

1年に1日、七夕《たなばた》の夜だけ会える織姫《おりひめ》と彦星《ひこぼし》……梅雨《つゆ》じゃなければいいのに？

7月7日の夜、それは七夕。

天《あま》の川《がわ》をはさんで夜空にわかれて浮かぶ織姫星（こと座ベガ）と、彦星（わし座アルタイル）が、1年に1日、この夜だけ会うことができるという大切な日です。

けれど、そのふたりが夏空で会うことができるのは「もしも、雨が降らなければ」という条件つき。

実際のところ、現代の日本の7月7日といえば、雨がシトシト降りつづく梅雨の真っ最中で、1年に1日しか会うことができないふたりにとっては、最悪のタイミングで

す……。

七夕が雨の季節になったわけ、実は明治の大きな出来事が原因でした。

旧暦《きゅうれき》を使っていた明治5年まで、七夕は梅雨明けのお祭りだった！

1872年（明治5年）まで、日本は旧暦を使っていました。

旧暦は、お月さまの動き（みえ方）をもとにしてつくられたカレンダーです。

旧暦の毎月1日は「月がみえない日」で、毎月15日ころが「満月《まんげつ》がみえる日」というもの。

いまわたしたちが使っている、「太陽と地球の動き方」からつくったカレンダー・新暦《しんれき》とは別のものでした。

ところが、明治時代、文明開化《ぶんめいかいか》の大号令のもと、いろいろなことが変わっていきます。

明治5年の12月、日本でも外国に合わせて、新暦を使いはじめたのです。

明治改暦《めいじかいれき》が行われたのが、旧暦でいう明治5年12月3日。この日が、新暦の明治6年1月1日とされたのです。

いままで使ってきた旧暦では「まだ12月に入ったばかり」なのに、イキナリ新暦のカレンダーが導入《どうにゅう》されて「新しい年の1月のはじめ」にあらためられ、約ひと月のズレが生じました。これによって、むかしは梅雨が明けたころのお祭りだった七夕が、梅雨真っただ中のお祭りになってしまったのです。

大隈重信が明治5年にカレンダーを変えたのは、「お金を節約するため」だった！

ちなみに、明治5年に旧暦から新暦へ変更したのには、意外な理由がありました。ひとことでいうと、「とにかくお金を節約したい！」というもの。

どういうことかというと、もしも改暦を行わなかったら、明治政府は明治6年に、役人たちにたくさん給料を払わなければならなかったのです。

旧暦では、約3年に1度くらい、1年間が（12か月でなく）13か月の年がありました。明治4年から、当時の役人は、毎月分の給料をもらう月給制になっていたので、明治政府は、年によっては13か月分の給料を払う必要があったのです。

そして、明治6年は、まさに1年が13か月の年でした！

つまり明治政府は、明治6年に払う給料を「13か月分」から「12か月分」へと節約するために、カレンダーを外国に合わせたのです。

ちなみに、この予算節約の大マジックを行ったのは、明治初期、後の日本財政《にほんざいせい》の責任者となる大隈重信です。

総理大臣《そうりだいじん》になり、早稲田大学《わせだだいがく》をつくった大隈重信ですが、13か月分の給料をもらえるはずだった明治6年、イキナリ1か月分が消えてしまったことで、当時の役人たちからは恨《うら》まれていたかもしれません……。

ビックリ!? memo

1908年（明治41年）、大隈重信は早稲田大学野球部とアメリカのプロ選抜チームとの試合で、日本で初めて始球式を行った。

計量学

槍《やり》の名手・前田利家《まえだとしいえ》がつくりあげた「加賀百万石《かがひゃくまんごく》」――〝百万石〟ってなに？

「加賀百万石」の〝百万石〟って、なにが100万あること？

〝百万石〟を支配した、江戸時代最大の大名、それが加賀藩《かがはん》。

織田信長《おだのぶなが》につかえていた槍の名手・前田利家は、その後、豊臣秀吉《とよとみひでよし》につかえ、加賀の金沢を中心とした領土をあたえられ、いまの石川県と富山県を合わせたひろい地域を治めました。

この加賀藩が大きくて豊かだという意味をあらわす、「加賀百万石」という言葉がありますが――〝百万石〟って、なにが「100万」なのでしょうか？

「〝石〟とついてるんだから、地面にころがってる石の数にきまってるよ！」

そんな声が聞こえてきそう。でも、なんだか変ですね。

「加賀藩には、石が100万個もあるんだ。すごいね！」

って、ぜんぜん意味がわかりません。石の多さは、自慢《じまん》にはならなそうです。

「石《こく》」は、むかしの中国では「重さ」をはかる単位だった

「石の数じゃないのなら、石の重さかな？」

これは完全なハズレではありません。

なぜなら〝石〟は、むかしの中国では、たしかに「重さ」をはかる単位として使われていたからです。

「1石」は約30キログラム。

「石」を重さの単位として使うなら、「加賀百万石」は「加賀3000万キログラム」。

つまり「加賀3万トン！」

これはたしかに大きそう……ですがこれでは、ただ巨大で太りすぎのイメージです。

ビックリ!? memo
着物も槍もド派手だった“かぶき者”前田利家。一方で、利家は財産の運用に長《た》けていた。鎧《よろい》を入れる箱のなかからは、利家が普段使っていたと思われるそろばんがみつかっている。

「石」は、日本では、「体積《たいせき》」をはかる単位だった

江戸時代、実は日本でも「石」という単位が使われていました。

当時「石」とは、「体積」をはかる単位だったのです。

「1石」が約180リットル。

つまり「加賀百万石」なら、ズバリ「加賀1億8000万リットル！」

けれど、これでも意味がまだ通りません。

そこで、つぎのヒントです。

体積をはかるむかしの単位に、「升《しょう》」や「合《ごう》」があります。

「1升」は体積1・8リットル。「1合」は体積約180ミリリットル。

それぞれ、お酒の〝一升瓶〟や〝ごはんを3合炊《た》く〟のように、いまでも使われている単位です。

体積をはかる「1石」は、「升」であらわすと100升、「合」であらわすと1000合になります。

そして、最後のヒントは「石川県や富山県はお米づくりがさかん」ということです。

「石」は、「お米の量（体積）」だった

もうわかりましたよね。

加賀百万石の「石」、実は「お米の量（体積）」でした。

つまり「加賀百万石」は、「お米を100万石＝10億合つくる土地」を持つという意味でした。

1合のごはんは、お茶碗《ちゃわん》に軽く盛ると2杯くらいなので、

「加賀藩では、お米をお茶碗で20億杯分もつくれる！」

これなら、「ひろくて豊か」という気持ちになることは、まちがいありません。

ちなみに、江戸時代の大名で100万石を超えていたのは、前田利家がつくりあげた加賀藩の120万石だけでした。

徳川御三家《とくがわごさんけ》の尾張徳川家《おわりとくがわけ》や紀州徳川家《きしゅうとくがわけ》でも、石高《こくだか》は加賀藩の半分の60万石くらい。

加賀藩は、それほどひろくて豊かな領土を持っていたのです。

「1石」は、ひとりが1年に食べる「お米の量（体積）」とちょうど同じ

ところで、お茶碗に山盛り（1合）のごはんを1日3食、365日食べると、3×365＝1095合になります。

1095合は、だいたい「1石」なので、「加賀百万石」というのは100万人をやしなうことができる（ごはんを食べさせることができる）土地を持つ大名ということです。

国の人数が多いと、もしも戦いになったら大勢で戦える（強い）ということにもなりますから、「石」の数が多いということは、豊かで強いということだったのです。

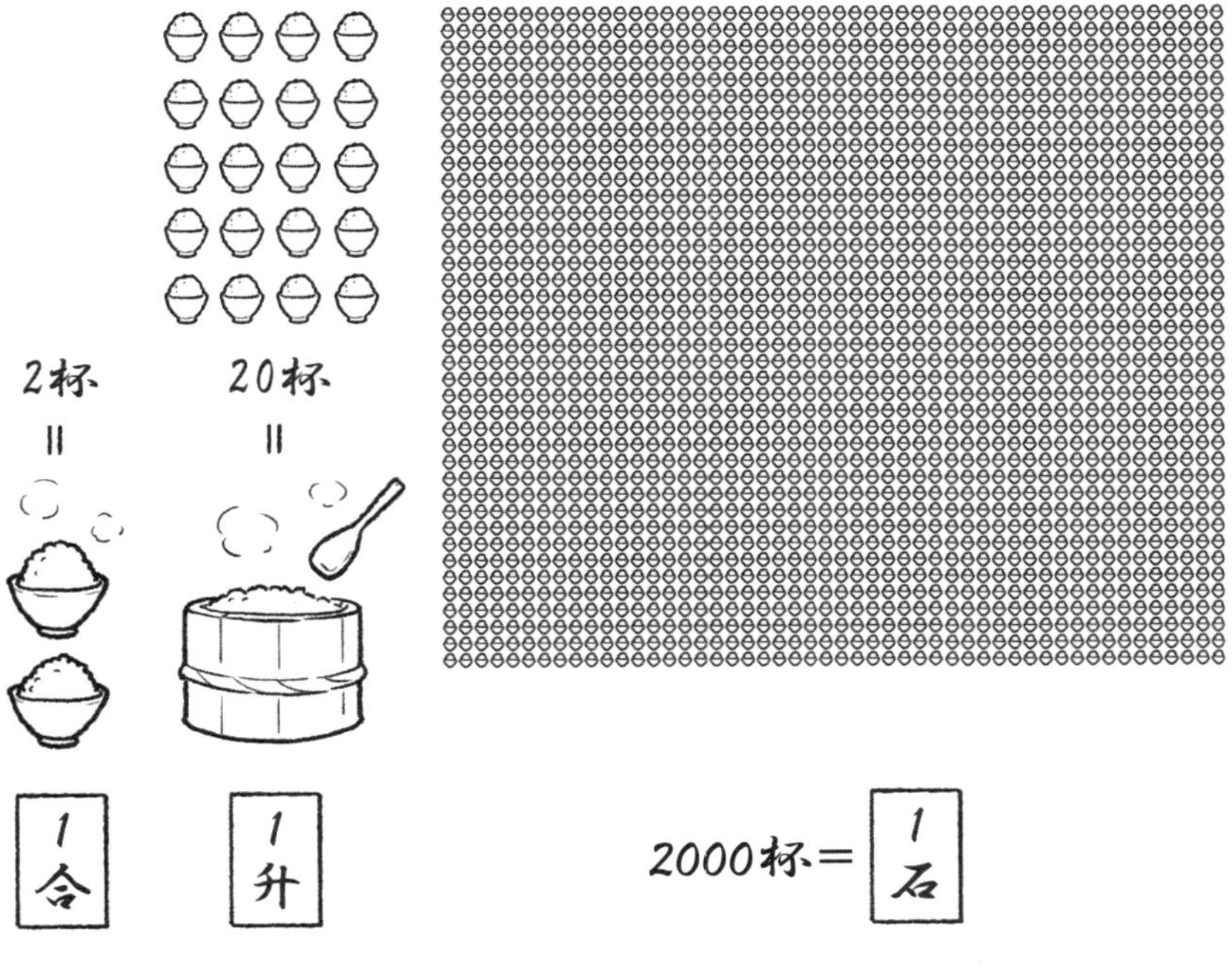

豊臣秀吉《とよとみひでよし》がやった伝説の『水攻《みずぜ》め』、現代にやったらどうなるか？

土木工学

海をうめたて〝水の都・大阪〟をつくりあげた豊臣秀吉

大阪は〝水の都〟といわれています。

もともと大阪は、海だった場所をうめたててつくられました。

うめたてた土地に「堀川《ほりかわ》」と呼ばれる何本もの水路をつくり、海と都をむすぶ船が通れるようにしました。

この堀川を掘るときにでた土でさらに海をうめたて、しだいに土地をひろげていったのです。

こうして生まれた場所が大阪で、〝水の都・大阪〟をつくりあげたのが、豊臣秀吉でした。

秀吉は「水」をうまく使いこなす、土木《どぼく》（水利《すいり》）工事《こうじ》の達人だったのです。

「水攻め」の達人・豊臣秀吉。大坂城の〝水を使った守りのかたさ〟もすごかった！

土木工事を使いこなした秀吉は、その技術を大坂の町づくりだけでなく、戦国時代の戦でも、〝攻守《こうしゅ》〟にわたって活用しました。

まず〝守《まもり》〟では、大坂城のまわりの川が「大きな堀」となって城を守っています。もしも大坂城が敵にかこまれピンチになったときには、川を氾濫《はんらん》させ、大坂の町を湖にして、水面に大坂城だけが浮かぶようにつくられていました。

そんな状態では敵が城を攻めおとすことなどできるわけもなく、まさに鉄壁《てっぺき》の守りだったのです。

豊臣秀吉が行った「備中高松城《びっちゅうたかまつじょう》の水攻め」や「紀州太田城《きしゅうおおたじょう》の水攻め」のすごさ！

一方、〝攻《せめ》〟はどうでしょう。

ビックリ!?memo

豊臣秀吉は1583年（天正《てんしょう》11年）、大坂城の築城をはじめる。完成したのは秀吉の死後で、1599年（慶長《けいちょう》4年）のことだった。

敵が城に立てこもったときに、秀吉がとる作戦が「水攻め」です。

敵の陣地のまわりに水がたまるような堤防工事《ていぼうこうじ》をしたうえで、川から水を流して湖にしてしまい、閉じこめてしまうという戦法です。

水で閉じこめてしまえば、敵には食べ物も援軍《えんぐん》も届かなくなり、降伏《こうふく》するほか策がなくなるというわけです。

秀吉の「水攻め」のすごさは、あっというまに巨大な工事を完成させる、その〝スピード〟にありました。

1582年（天正10年）の「備中高松城の水攻め」では、秀吉がつくった水攻め用の堤防の大きさは、幅が下部約20メートル、上部約10メートル！

堤防の高さは約6～7メートルで、全長はまさかの約3キロメートルの特大堤防です。

こんな大きな堤防を、秀吉はわずか2週間程度でつくってしまいました。

そしてさらに上をいくのが、1585年（天正13年）の「紀州太田城の水攻め」。

このときは、堤防の幅は底部《ていぶ》が約32メートルで高さ約6メートル、全長はなんと約

5・7キロメートルの巨大堤防！

これを、おどろくことにわずか1週間弱でつくりあげたというのです。

現代の技術でもできるかどうかわからない、秀吉のスゴワザです。

「備中高松城の水攻め」「紀州太田城の水攻め」、いまの時代にやったらどうなるか？

それでは、高松城や太田城の水攻めを、いまこの時代にやったら、いったいどうなるでしょう？

まず、「備中高松城の水攻め」で使われた土は、10トントラックで6万台分。

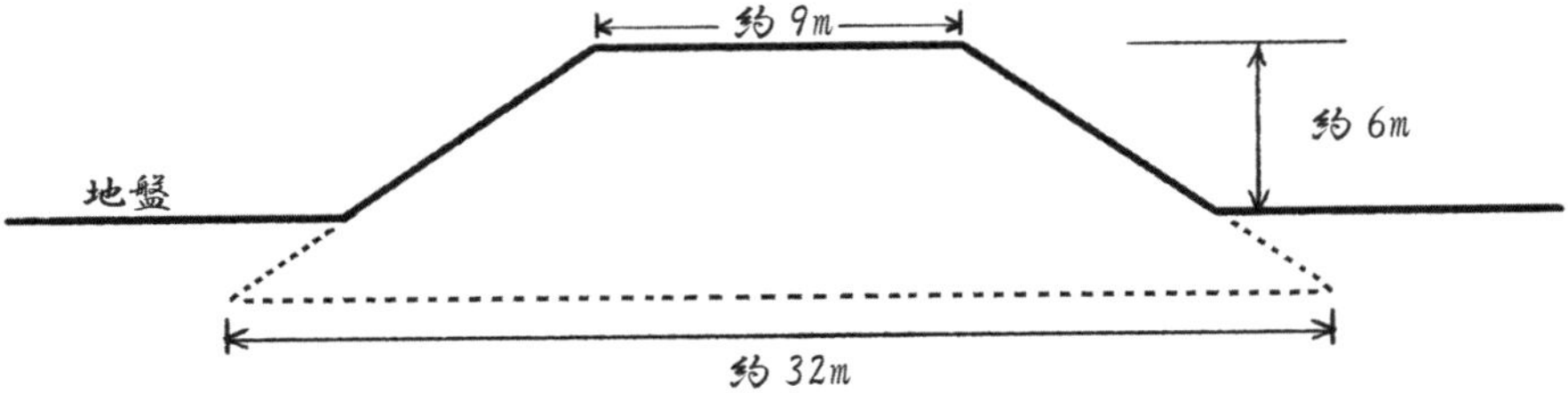

これだけでもおどろきますが、「紀州太田城の水攻め」では、さらにその倍以上、10トントラックで14万台!!

「紀州太田城の水攻め」は工事日数が1週間弱ですから、1週間弱のうちに14万台の10トントラックにのせた土をはこびこむ必要がある――となると、1日あたり約2万台!


いまそんな台数の大型トラックを、小さな町に集めたら……道はトラックでうまり、その渋滞の長さは、なんと200キロメートル! 東京から静岡をこえるあたりまで、トラックがならんでいるようなものです。

そんな大工事が、いまの時代に許されるわけがありません。

というわけで、豊臣秀吉の「水攻め」をいま、この時代にやったらどうなるか?

「絶対できない!」が答えです。

参考文献

（順不同）

『別冊歴史読本25　伊賀・甲賀忍びのすべて　闇に生きた戦闘軍団』（新人物往来社）
『絵で見て納得！時代劇のウソ・ホント』（笹間良彦著画　遊子館）
『絵でみる時代考証百科　捕者道具編』（名和弓雄著　新人物往来社）
『江戸最初の時の鐘物語』（坂内誠一著　流通経済大学出版会）
『江戸城「大奥」の謎　教科書に出てこない歴史の裏側』（中江克己著　ＫＫベストセラーズ）
『江戸の盗賊　知られざる〝闇の記録〟に迫る』（丹野顯著　青春出版社）
『近世史研究叢書6　江戸の時刻と時の鐘』（浦井祥子著　岩田書院）
『大江戸調査網』（栗原智久著　講談社）
『大江戸　時の鐘　音歩記』（吉村弘著　春秋社）
『歴史群像　名城シリーズ　大坂城　天下人二人の武略燦然』（学習研究社）
『おもしろサイエンス　日本刀の科学』（井上達雄編著　日刊工業新聞社）
『科学史の横道』（橋本萬平著　日本古書通信社）
『刀狩り　—武器を封印した民衆—』（藤木久志著　岩波書店）

『刀と首取り　戦国合戦異説』（鈴木眞哉著　平凡社）
『合戦の日本地図』（武光誠・合戦研究会著　文藝春秋）
『歴史文化ライブラリー２９５　鎌倉大仏の謎』（塩澤寛樹著　吉川弘文館）
『かわら版で読み解く　江戸の大事件』（森田健司著　彩図社）
『教科書には載っていない　江戸の大誤解』（水戸計著　彩図社）
『決闘の話』（藤野幸雄著　勉誠出版）
『朝日百科 日本の国宝 別冊　国宝と歴史の旅７　鎌倉大仏と宋風の仏像』（朝日新聞社）
『五重塔のはなし』（濵島正士・坂本功監修　「五重塔のはなし」編集委員会編著　建築資料研究社）
『文化財を探る科学の眼６　古代住居・寺社・城郭を探る　住居の復元、耐震性の解明、構造の研究、解体修理』（平尾良光・松本修自編　国土社）
『今昔：鉄と鋳物　―日本刀・茶釜・大仏・鐘 めぐり―』（塚原茂男著　養賢堂）
『参勤交代道中記　加賀藩史料を読む』（忠田敏男著 平凡社）
『史上最強カラー図解　江戸時代のすべてがわかる本』（大石学編著　ナツメ社）
『歴史文化ライブラリー１９４　時代劇と風俗考証　やさしい有職故実入門』（二木謙一著　吉川弘文館）
『図解雑学　忠臣蔵』（菊地明著　ナツメ社）
『歴史群像シリーズ　決定版 図説・江戸の人物２５４』（学研プラス）

『図説「合戦図屏風」で読み解く！　戦国合戦の謎』（小和田哲男監修　青春出版社）
『別冊歴史読本56　戦況図録大坂の陣　永き戦乱の世に終止符を打った日本史上最大規模の攻城戦』（新人物往来社）
『戦国武将の履歴書　時代劇ではわからない意外な過去』（クリエイティブ・スイート著　宝島社）
『大名行列の秘密』（安藤優一郎著　NHK出版）
『図解雑学　誰も知らない日本史の真実』（加来耕三著　ナツメ社）
『知識ゼロからの古墳入門』（広瀬和雄著　幻冬舎）
『知識ゼロからの戦国武将入門』（小和田哲男著　幻冬舎）
『超高層大仏をつくる』（永田良夫編著・川田工業株式会社編　鹿島出版会）
『謎解き！江戸のススメ』（「謎解き！江戸のススメ」制作班著・竹内誠監修　NTT出版）
『日本刀の科学　武器としての合理性と機能美に科学で迫る』（臺丸谷政志著　SBクリエイティブ）
『年中行事を「科学」する　暦のなかの文化と知恵』（永田久著　日本経済新聞社）
『日本史有名人の身体測定』（篠田達明著　KADOKAWA）
『幕末志士の履歴書　時代劇ではわからない意外なプロフィール』（クリエイティブ・スイート著　宝島社）
『ビジュアルワイド　平安大事典　図解でわかる「源氏物語」の世界』（倉田実編　朝日新聞出版）
『戦国最強の兵器図鑑　火縄銃・大筒・騎馬・鉄甲船の威力』（桐野作人著　新人物往来社）
『文政十一年のスパイ合戦　検証・謎のシーボルト事件』（秦新二著　文藝春秋）

『学研まんが人物日本史　平賀源内　江戸の天才発明家』（樋口清之監修・ムロタニツネ象まんが　学習研究社）
『文化財を探る科学の眼5　仏像・漆工芸品・染織品を探る　仏像の修理と制作技法、漆文化財の保存修理、文化財染織品の修理と染料分析』（平尾良光・戸津圭之介編　国土社）
『明治改暦　「時」の文明開化』（岡田芳朗著　大修館書店）
『巨大建造物を復元する　よみがえる古代大建設時代』（大林組プロジェクトチーム編著　東京書籍）
『歴史群像 名城シリーズ7　江戸城 四海をしろしめす天下の府城』（学習研究社）
『中央学術研究所紀要 モノグラフ篇 No.6　原始仏教聖典資料による釈尊伝の研究6　基礎研究編Ⅱ【論文4】由旬（yojana）の再検証』（森章司・本澤綱夫著　中央学術研究所）
『人物でわかる日本の歴史　これで歴史がおもしろくなる！』（教学研究社）
『ビジュアル百科　日本の城1000城　1冊でまるわかり！』（大野信長・有沢重雄・加唐亜紀著　西東社）
『戦国武将列伝100　戦国時代に何を学ぶか』（小和田哲男著　メディア・パル）
『ビジュアル百科　日本史1200人　1冊でまるわかり！』（入澤宣幸著　西東社）
『新詳日本史』（浜島書店）
『詳説日本史　改訂版』（石井進・笠原一男・児玉幸多・笹山晴生著　山川出版社）
『日本の歴史5　古代豪族』（青木和夫著　小学館）

平林《ひらばやし》 純《じゅん》

サイエンスライター。京都大学大学院理学研究科修了。著書に『論理的にプレゼンする技術［改訂版］聴き手の記憶に残る話し方の極意』（SBクリエイティブ）、『思わず人に話したくなる！「確率」でわかる驚きのニッポン』（監修／廣済堂出版）、『史上最強科学のムダ知識』（技術評論社）など多数。「世界一受けたい授業」「タモリ倶楽部」など、数々のテレビ番組へ出演。

信長もビックリ!?
科学《かがく》でツッコむ日本《にほん》の歴史《れきし》
～だから教科書にのらなかった～

2018年11月30日 第1刷発行

著　　者　平林 純
イラスト　千野エー
ブックデザイン　中島由佳理
校　　正　株式会社円水社
発 行 者　北畠輝幸
発 行 所　株式会社集英社
〒101-8050　東京都千代田区一ツ橋2-5-10
電話　【編集部】03-3230-6246（みらい文庫編集部）
【読者係】03-3230-6080
【販売部】03-3230-6393（書店専用）
印刷・製本　図書印刷株式会社
ISBN978-4-08-780859-9　C8021